Generation Y und Z :
Analyse ausgewählter Instrumente zur
Mitarbeiterbindung

Inhaltsverzeichnis   I-II

Abbildungsverzeichnis

Tabellenverzeichnis

Abkürzungsverzeichnis

AG   Arbeitgeber

AN   Arbeitnehmer

Azubi   Auszubildende

BIBB   Bundesinstitut für Berufsbildung

Gen Y   Generation Y

Gen Z   Generation Z

Gen YZ   Generation Y und Z

IAB   Institut für Arbeitsmarkt- und Berufsforschung

1 Einleitung

1.1 Problemstellung und Ziele der Arbeit

Der Trend zur Globalisierung und dem dadurch zunehmenden Wettbewerbsdruck sowie die stetig wachsenden technischen, gesellschaftlichen und politischen Anforderungen der Stakeholder aus der Unternehmensumwelt, stellen die Unternehmen vor große Herausforderungen.[1] Ein gewinnorientiertes Unternehmen kann sich nur nachhaltig gegenüber Konkurrenten durchsetzen, wenn es Erfolgspotenziale [2] durch den optimalen Einsatz der volkswirtschaftlichen Ressourcen Arbeit, Kapital und Boden aufbaut. Insbesondere der Produktionsfaktor Arbeit, dessen Träger die Mitarbeiter[3] eines Unternehmens sind, gewinnt immer mehr an Bedeutung.[4] Für viele Unternehmen ist das Wissen ihrer Mitarbeiter der entscheidende Unterschied zur Konkurrenz. [5] Dabei rücken die neuen Arbeitnehmergenerationen Y und Z in den Mittelpunkt dieser Arbeit. Viele Unternehmen verspüren die Problematik, dass die offenen Stellen nicht immer sofort mit qualifizierten Fachkräften besetzt werden können. Die meisten Personalmanager kennen die Bedürfnisse dieser neuen Generationen nicht und wissen dadurch auch nicht mit welchen Instrumenten eine erfolgreiche Bindung dieser Arbeitnehmer an das Unternehmen möglich ist. Auch durch interne und externe Einflussfaktoren, wie der einsetzende Demografische Wandel, verleiht diesem Thema die nötige Brisanz und bewirkt nicht nur in Zeiten eines wirtschaftlichen Aufschwunges auf dem Arbeitsmarkt einen Fachkräftemangel.[6] Der Kampf um die besten Nachwuchskräfte, dem „War for Talents", hat begonnen. Profilverlust am Absatzmarkt, hervorgerufen durch fehlendes Wissen der Mitarbeiter, wäre die Konsequenz aus unzureichend besetzten Stellen mit geeigneten Fachkräften. [7] Dementsprechend hängt der unternehmerische Erfolg eines Unternehmens von einer effektiven und effizienten Mitarbeiterbindung ab.

Ziel dieser Arbeit ist es, ausgewählte materielle und immaterielle Instrumente auf deren Bindungswirkung hin zu untersuchen, um damit qualifizierte Mitarbeiter der

---

[1] Vgl. Permant (2009), S. 36.
[2] Vgl. Wittmann/Reuter/Magerl (2007), S. 11.
[3] Bei „Mitarbeiter" sind in dieser Arbeit gleichzeitig auch immer Mitarbeiterinnen gemeint.
[4] Vgl. Stock-Homburg (2013), S. 605.
[5] Vgl. Stotz/Wedel (2009), S.87.
[6] Vgl. http://www.haufe.de, Personalmagazin 10/2009
[7] Vgl. Stotz/Wedel (2009), S.43ff.

Generationen Y und Z (Gen YZ) an die Unternehmen langfristig zu binden. Dabei muss herausgearbeitet werden, welche Charakteristika, Werte und Arbeitsansprüche die Gen YZ haben und welche Bindungseigenschaften sie kennzeichnen. Anhand dieser gesammelten Informationen kann ein Vergleich der Bindungskomponenten durchgeführt werden, um die Bindungswirkung der Instrumente auf die Gen YZ zu untersuchen. Zur Überprüfung der eigenständig erarbeiteten Bindungsinstrumente wird eine Expertenbefragung durchgeführt und mit den eigenen Ergebnissen abgeglichen, um neue Erkenntnisse zu sammeln. Durch diese Analysen können andere Unternehmen ihre Maßnahmen zur Mitarbeiterbindung der Gen YZ anpassen und werden effektiv bei ihrer eigenen individuellen Lösungsfindung unterstützt.

1.2   Aufbau der Arbeit

Im zweiten Kapitel werden die Theoretischen Grundlagen vorgestellt. Dabei werden die Motivationstheorien von Maslow und Herzberg erklärt. Abschließend werden die Aufgaben, Perspektiven und Einflussfaktoren der Mitarbeiterbindung vorgestellt.

Im dritten Kapitel wird die Sozialisationshypothese der Gen YZ erläutert. Anschließend werden im vierten und fünften Kapitel die Gen YZ und deren Charakteristika, Werte und Leistungsbereitschaft sowie deren Arbeitsansprüche und die Bindungseigenschaften dieser Generationen dargestellt.

Ausgewählte materielle/immaterielle Instrumente werden zur Mitarbeiterbindung im Kapitel sechs vorgestellt und auf deren Bindungseigenschaften hin untersucht.

Darauf erfolgt im siebten Kapitel ein Vergleich der Bindungseigenschaften der Gen YZ mit den Bindungswirkungen der ausgewählten Instrumente.

Im achten Kapitel wird eine Expertenbefragung zur Überprüfung der erarbeiteten Bindungsinstrumente zur Mitarbeiterbindung Gen YZ durchgeführt und mit den eigenen Ergebnissen abgeglichen.

Eine kritische Betrachtung dieses Themas wird im vorletzten Kapitel dargestellt.

Eines Zusammenfassung der Arbeit und ein Ausblick für Unternehmen auf eventuelle, zukünftige Entwicklungen am Arbeitsmarkt werden abschließend beschrieben.

2 Theoretische Grundlagen

2.1 Motivationstheoretische Ansätze

Die am weitest verbreitete Motivationstheorie stellt die von Maslow dar. Diese basiert auf der Grundannahme, dass jeder Mensch durch das Streben nach Befriedigung spezifischer Bedürfnisse motiviert wird. Diese Bedürfnisse lassen sich deshalb in einer Bedürfnishierarchie anordnen.

Abbildung 1: Bedürfnispyramide Maslow[8]

Maslows hierarchische Anordnung besagt, dass die höherwertigen Bedürfnisse erst dann zum einem bestimmten Verhalten des Menschen führen, wenn geringwertigere Bedürfnisse weitgehend befriedigt werden.

Eine andere Motivationstheorie von Herzberg fand heraus, dass Arbeitszufriedenheit und Arbeitsunzufriedenheit zwei voneinander unabhängige Dimensionen darstellen. Dabei stehen in der einen Dimension die intrinsischen Motivatoren, welche Arbeitszufriedenheit auslösen. In der anderen Dimension stehen die extrinsischen Hygienefaktoren, welche nur Arbeitsunzufriedenheit verhindern können.

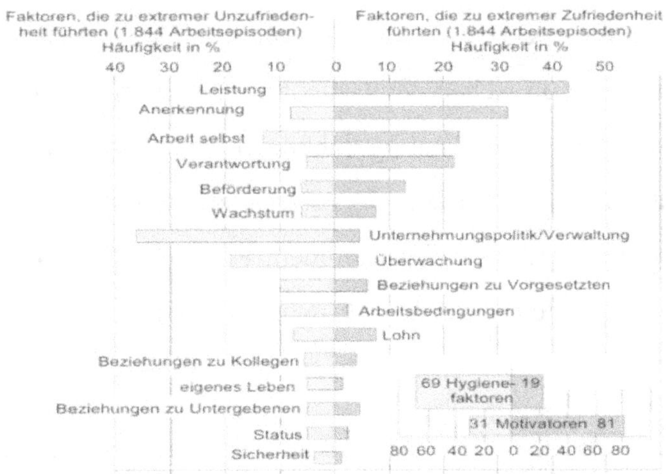

Abbildung 2: Extrinsische und intrinsische Faktoren[9]

---

[8] Vgl. Holtbrügge (2013), S. 15ff.

2.2 Mitarbeiterbindung „Retention Management"

2.2.1 Aufgaben und Perspektiven der Mitarbeiterbindung

Damit die gewünschten Mitarbeiter im Unternehmen verbleiben liegt die Aufgabe der Mitarbeiterbindung darin, dass die Beziehung zwischen Unternehmen und Mitarbeiter intensiviert und die Fluktuation von Fach- und Führungskräften gering gehalten wird. Damit können die Kosten durch Fluktuation, Mitarbeitergewinnung und der Einarbeitungszeit gesenkt und durch den Erhalt des Wissens der gebundenen Mitarbeiter im Unternehmen entsprechende Wettbewerbsvorteile gewonnen werden. Dementsprechend setzt die Mitarbeiterbindung auf der Ebene der Kostenvermeidung an und generiert damit einen hohen Wertbeitrag zum Unternehmensergebnis. Neukunden zu gewinnen und damit Umsätze zu erzielen ist in der heutigen Zeit weitaus schwieriger, als Kosten durch engagierte und loyale Mitarbeiter zu vermeiden. Die Eigenkündigung sinkt durch eine erfolgreiche Mitarbeiterbindung um ca. 87%.[10]

Eine Möglichkeit die Mitarbeiter für eine bestimmte Zeit im Unternehmen zu halten, ist die rechtliche Ebene. Grundlegend gibt es die im § 622 BGB geregelte Kündigungsfrist, die beginnt mit Zugang der ordentlichen Kündigung beim Mitarbeiter und definiert den Zeitraum bis wann das Arbeitsverhältnis beendet ist. Weiterhin gibt es Rückzahlungsklauseln für Fortbildungen. Der Mitarbeiter erhält die Leistung nur, wenn er die Rückzahlungsklausel unterschreibt.[11] Bei der Gen YZ werden diese Instrumente kaum Bindungswirkungen entfalten, da sie sehr auf ihren eigenen beruflichen Erfolg fixiert sind und dieses Ziel konsequent verfolgen.

Die Perspektive der rationalen Mitarbeiterbindung basiert auf dem mikroökonomischen Menschenbild des homo oeconomicus. Der Mitarbeiter denkt, handelt zweckrational und bei der Arbeit strebt er danach seinen ökonomischen Nutzen z.B. materielle Vergütung zu maximieren.[12] Dementsprechend bleibt der Mitarbeiter nur im Unternehmen, wenn der Nutzen des Verbleibs für ihn größer ist, als die Kosten in der Kosten-Nutzen-Analyse. Die Gen YZ trifft ihre Entscheidungen weniger auf Basis materieller Entscheidungen, sondern eher durch die Erfüllung

---

[9] Vgl. Holtbrügge (2013), S. 15ff.
[10] Vgl. Klaffke (2011), S. 170.
[11] Vgl. Wolf (2013), S. 40ff.
[12] Vgl. Holtbrügge (2013), S. 9ff.

immaterieller Faktoren. Daher werden diese Generationen sich für das Unternehmen entscheiden, welches den höchsten individuellen Nutzen für sie erbringt.

Falls ein Mitarbeiter sich stark mit dem Unternehmen verbunden fühlt, obwohl die rationale Perspektive aussagt, dass es besser für ihn wäre das Unternehmen zu verlassen, dann sprechen wir von der verhaltensbezogenen oder behavioralen Mitarbeiterbindung. Diese tritt auf, wenn die Personeneigenschaften stark auf die Beibehaltung bestehender Gewohnheiten ausgehen. Eine Bindungswirkung zur Gen YZ kann hier nicht festgestellt werden, da diese Generation sehr flexibel agiert und immer eine Herausforderung im Leben sucht.

Beim der normativen Mitarbeiterbindung zeigen die Mitarbeiter eine große Übereinstimmung mit den Werten und Zielen des Unternehmens. Sie fühlen sich verpflichtet zu bleiben, weil es richtig ist. Die Wertvorstellungen diese Mitarbeiter sind geprägt von einem innerlichen Gefühl von Verantwortlichkeit. Bei dieser Art der Mitarbeiterbindung lässt sich nur teilweise eine Bindungswirkung annehmen. Die Bindung zum Unternehmen entsteht nur in dem Moment, bei dem sie Verantwortung übernehmen dürfen. Weiterhin ist es nicht erwiesen, dass alle Angehörigen dieser Gen YZ diese Eigenschaft besitzen. Es wird immer Ausnahmen geben.

Die stärkste Komponente ist die emotionale Mitarbeiterbindung. Der Mitarbeiter identifiziert sich sehr stark mit dem Unternehmen und entwickelt eine starke Zuneigung und empfindet viel Freude zum Unternehmen.[13] Aber auch die Ziele und Werte der Mitarbeiter und des Unternehmens haben einen hohen Grad der Übereinstimmung und der Mitarbeiter setzt sich mit großer Bereitschaft für das Unternehmen ein. Der Wunsch wie in der menschlichen Beziehung auch, nach einer lang anhaltenden Bindung und ein nach Geborgenheit bietendes Teamklima[14] komplettieren die emotionale Mitarbeiterbindung.[15] Hier lässt sich eine starke Bindungswirkung zur Gen YZ feststellen, da sie neben einer transparenten Unternehmenskultur, die persönliche Bindung und ein familiäres Betriebsklima mit freundlichen Kollegen und fürsorglichen Vorgesetzten von den Unternehmen fordern.

---

[13] Vgl. Rowold (2013), S. 104.
[14] Vgl. Janssen (2011), S. 154.
[15] Vgl. Wolf (2013), S. 58ff.

2.2.2 Externe und interne Einflüsse auf die Mitarbeiterbindung

Durch den Wertewandel der neuen Arbeiternehmergenerationen werden neue Anforderungen und Trends an die Unternehmen herangetragen. Diese Veränderungen werden in den nachfolgenden Kapiteln über die Gen YZ herausgearbeitet. Daher ist es für die Unternehmen umso wichtiger, schneller als die Konkurrenz an die Informationen über die Bedürfnisse und Eigenschaften der Mitarbeiter zu kommen, um sich dadurch einen Wissensvorteil zu verschaffen.[16] Herausforderungen und Einflüsse aus der externen Unternehmensumwelt entstehen auch durch den demografischen Wandel und dem damit verbundenen Rückgang von Erwerbspersonen. Durch neue Studien von BIBB und IAB über Fachkräftemangel in Berufshauptfeldern wurde klar, dass Engpässe bis 2030 in einigen Berufen bereits jetzt schon erkennbar sind. Besonders betroffen davon sind Fachkräfte mit abgeschlossener Berufsausbildung. [17] Durch den hohen Bildungsstand der Gen YZ stellen Sie in der gegenwärtigen Wissensgesellschaft die zukünftigen Fach- und Führungskräfte dar. Sie sind die Erfolgsfaktoren die an das Unternehmen gebunden werden müssen. Auch der stetige Trend zur Globalisierung hat einen hohen Einfluss auf die Mitarbeiterbindung und zwingt die Unternehmen auf internationaler Ebene in einen Wettbewerb um Fach- und Führungskräfte.[18] Die Gen YZ denkt global, wenn ihnen interessante Stellen im Ausland angeboten werden, zögern sie nicht lange und nehmen diese Herausforderungen an. Ebenso hat ein verändertes Erwerbsverhalten von Frauen einen großen Einfluss auf die Mitarbeiterbindung. Durch höhere Bildungsabschlüsse und einer veränderten Kinderbetreuung, bei denen der Mann sich immer mehr an der Kindererziehung beteiligt, müssen die weiblichen Bedürfnisse zukünftig deutlich stärker in der Arbeitswelt berücksichtig werden.[19] Dieser Einfluss hat zukünftig eine starke Auswirkung auf die Unternehmen, da die Anzahl der weiblichen Studierenden stetig zunimmt und die Nachfrage nach weiblichen Fach- und Führungskräften dementsprechend in der Zukunft enorm zunehmen wird.

---

[16] Vgl. Schwarz (2010), S. 40.
[17] Vgl. Helmrich/Zika/Kalinowski/Wolter (2012), S. 1ff.
[18] Vgl. Spallek (2013), S. 4ff.
[19] Vgl. Esslinger/Schobert (2007), S. 81.

Einen gewichtigen internen Einfluss auf eine erfolgreiche Mitarbeiterbindung hat auch die Unternehmens- und Führungskultur in den Unternehmen. Im Laufe des Lebenszyklus eines Unternehmens werden individuelle Vorstellungs- und Orientierungsmuster gebildet, die Verhalten, das Denken und Entscheidungen der Mitarbeiter prägen und beeinflussen. Auf verschiedensten Ebenen finden sich Manifestationen einer Organisationskultur wieder. Um eine Orientierung und Struktur in die Organisationskultur zu bringen wird in einzelne Dimensionen unterschieden. An der Oberfläche der höchsten Ebene liegen die sichtbaren Verhaltensweisen z.B. die gemeinsamen allmorgendliche Kaffeepausen, der Umgang mit Kollegen, Vorgesetzten und Kunden oder die Art und Weise, wie mit Fehlern bei der Arbeit umgegangen wird.[20] In der mittleren Ebene liegt das Gefühl, wie die Dinge sein sollen. Kollektive Wertvorstellungen sind beispielsweise Ehrlichkeit und Freundlichkeit, die das Verhalten von Mitarbeitern bestimmen. Auf der untersten Ebene sind die Dinge, die als selbstverständlich angenommen werden und diese sind tief im Denken verwurzelt.[21]

Eng verbunden mit der Unternehmenskultur spielt der Führungsstil der Vorgesetzten gegenüber der Gen YZ eine wichtige Rolle. So wurden zwei Dimensionen von Führungsverhalten ermittelt. Diese Dimensionen lassen sich als Mitarbeiter- und Aufgabenorientierung beschreiben. Die Mitarbeiterorientierung oder kooperative Führung ist primär ein personenbezogenes Führungsverhalten, geprägt durch Vertrauen und Achtung der Mitarbeiter. Bei der Aufgabenorientierung handelt es sich um ein aufgabenbezogenes und sachliches Führungsverhalten und das Erreichen der Leistungsziele. Mitarbeiter darüber zu motivieren, wie Ziele gemeinsam erreicht und wie Mitarbeiter in ihrer Entwicklung unterstützt werden können, gewinnen zukünftig bei der Gen YZ unter dem Begriff der transformationalen Führung an Bedeutung. Dagegen verliert die transaktionale Führung immer mehr an Bindungswirkung, da zwar die reine Austauschfunktion Gehalt gegen Leistung noch wichtig ist, aber die immateriellen Faktoren immer mehr in Gewichtung bei der Gen YZ gewinnen.[22]

---

[20] Vgl. Rowold (2013), S. 51ff.
[21] Vgl. Steinmann/Schreyögg (2005), S. 711f.
[22] Vgl. Rowold (2013), S. 188ff.

3   Die Sozialisationshypothese

Unterschiedliche Einflüsse verändern die Einstellungen eines Menschen. Diese Bestimmungsfaktoren können biologische Einflüsse aber auch individuelle Erfahrungen sein.[23] Grundlegende Wertvorstellungen des Menschen entstehen nach der Sozialisationshypothese weitgehend in den Kinder- und Jugendjahren zwischen dem 15. und 20. Lebensjahr.[24] Die Werte spiegeln das dort in dem Zeitraum erlebte wieder und halten ein Leben lang.

3.1   Die Sozialisation der Generation Y

Die Gen Y ist in den westlichen Industrieländern aufgewachsen und hat dort ein stabiles politisches und wirtschaftliches Umfeld erleben dürfen. Durch die Globalisierung steigen allerdings auch die Unsicherheiten.[25] Es wurden zwar keine Kriege geführt, dennoch haben sie ein sehr stark ausgeprägtes Bewusstsein für Bedrohungen unserer modernen Zeit entwickelt. Dieses Bewusstsein wurde verursacht durch den Terroranschlag vom 11.09.2001, den Fall der Berliner Mauer, der Finanzkriese v. 2008, den Untergang der Estonia und den Amoklauf von Erfurt.[26] Auf der sozialen Ebene treten neben traditionellen Familienverbänden häufig Patchwork-Familien, alleinerziehende Mütter oder Väter sowie auch alternative Lebensgemeinschaften auf. Dabei hat sich eine sehr starke Bindung zur Familie gebildet. Denn die Gen Y bekommen den notwendigen Rückhalt und eine emotionale Unterstützung seitens der Familie für den beruflichen Weg mit.[27] Auch durch die vielen anonymen Kontakte in den virtuellen Netzwerken hat die Bedeutung einer persönlichen Beziehung zugenommen. Häufige Scheidungen oder das hohe Arbeitspensum der Väter führten dazu, dass diese in der Sozialisation der Gen Y wenig präsent waren. Dementsprechend sind die Erwartungen besonders hoch an die männlichen Führungskräfte. Die Gen Y brauchen Vorbilder von denen sie viel lernen können.[28] Erst die Erfüllung der Sicherheits- und Sozialbedürfnisse durch die Familie ermöglicht dieser Generation sich intensiv um ihre Wachstumsbedürfnisse zu

---

[23] Vgl. Rowold (2013), S. 100.
[24] Vgl. Klaffke (2011), S. 6.
[25] Vgl. Klaffke (2014), S. 60.
[26] Vgl. Permant (2013), S. 34.
[27] Vgl. Stock-Homburg (2013), S. 130.
[28] Vgl. Künzel (2013), S. 110.

kümmern. Durch die Fernsehserie Sex and the City wurde die Gen Y sehr stark geprägt und hat die Emanzipation der Frau und den Individualismus gefördert. Der hohe Lebensstandard und Luxusgüter sowie das großstädtische Single-Leben haben in der Jugendzeit dazu beigetragen ein erstrebenswertes Leben an interessanten Orten zu führen und zu leben. Zusätzlich zeigen Reality TV-Formate und Casting Shows wie „Big Brother" und „Germany's Next Topmodel" die Botschaft, dass jeder alles im Leben erreichen kann.

Aber auch die Wahl- und Einflussmöglichkeiten haben sich durch die Ausweitung des internationalen Handels vergrößert. Der Konsument wird durch ein erhöhtes Angebot flexibler, entscheidungsbewusster und anspruchsvoller und Wahlmöglichkeiten fördern ebenfalls den Individualismus. Die Notwendigkeit, permanent zielgerichtete Entscheidungen treffen zu müssen, führt dagegen zu einer Steigerung von psychischen Erkrankungen.[29]

Das Internet, einer der wichtigsten extrinsischen Faktoren, hat das Verhalten der Gen Y im Bezug auf ihr Verhalten als Arbeitnehmer oder Konsument sehr stark verändert. Der Schwerpunkt der Internetnutzung liegt im Wunsch nach Partizipation und Vernetzung. Mit der Verbreitung des Internets stieg auch die Nutzungszeit bei der Gen Y von 7 Std. auf rund 13 Stunden in der Woche.

Durch die Tertiärisierung der Arbeitswelt spielen Talente, Werte, Marken und andere immaterielle Faktoren eine immer wichtigere Rolle bei der Sicherung der Wettbewerbsfähigkeit von Unternehmen. Dementsprechend hat die Gen Y sich diesen Veränderungen angepasst und konzentriert sich intensiver auf ihre Qualifikation. Zusätzlich müssen sie sich auf veränderte Lernbedingungen durch das verkürzte Abitur und dem dreijährigen Bachelorstudium einstellen.[30]

Weiterhin ist die Flexibilisierung des Arbeitsmarktes in Deutschland durch atypische Arbeitsverhältnisse mit befristeten Stellen und Leiharbeit geprägt.[31] Daher sind auch die Aussagen aus den Medien differenziert zu betrachten, denn die „fordernde" und „wählerische" Generation ist nur ein Spiegelbild der Veränderungen aus der externen und internen Umwelt. Die Gen Y hat sich nur an die Umwelt angepasst.[32]

---

[29] Vgl. Permant (2013), S. 33f.
[30] Vgl. Stock-Homburg (2013), S. 130.
[31] Vgl. Klaffke (2014), S. 60ff.
[32] Vgl. Künzel (2013), S. 30.

3.2   Die Sozialisation der Generation Z

Bei der Generation Z fing das Erwachsenwerden etwa 2006 an. Sie haben die Finanzkrise mitbekommen, die jahrelange andauerte, bei denen teilweise ganze Staaten kurz vor der Insolvenz standen verbunden mit einer hohen Arbeitslosigkeit in Europa. Sie wachsen auf in einer Ära ohne klassische Lebensläufe und Sicherheit. Hier lässt sich erkennen, dass die Sicherheitsbedürfnisse der Gen Z nicht vollständig erfüllt werden können. Sie müssen durch diese Entwicklungen extrem anpassungsfähig sein, besonders in Zeiten der Wirtschaftskrise.[33] Die Ereignisse wie 9/11, der Kampf gegen den Terror, wirtschaftliche Schwankungen, lassen sie nicht mehr an eine dauernd aufstrebende Ökonomie glauben.[34] Außerdem ist die Gen Z in einem Zeitraum herangewachsen, die von technologischen Fortschritten geprägt ist. Sie kennen keine Kassetten, VHS Videos, denn heute wird alles immer direkt aus dem Internet heruntergeladen, angesehen oder angehört. Dementsprechend sind Sie es gewöhnt permanent an jedem Ort und zu jeder Zeit für jedermann erreichbar zu sein. [35] Virtuelle Welten und neue Kommunikationsmöglichkeiten prägen als extrinsische Faktoren das Aufwachsen der Gen Z von Anfang an. Google (1998), Wikipedia (2001), Facebook (2004) und auch YouTube (2005) waren bereits eingeführt, als die Internet-Nutzung für die Generation Z relevant wurde. Wer kein Handy besitzt gehört zu den Außenseitern. Der tägliche Internetzugang und die Vernetzung in sozialen Netzwerken sind Grundvoraussetzung in der jungen Gesellschaft, um die sozialen Bedürfnisse zu befriedigen. Durch die Digitalisierung werden wie bei der Gen Y die Autonomie, Flexibilität und Transparenz gefördert. Multikultur und ethnische Vielfalt sind selbstverständliche Kennzeichen der Sozialisation der Gen Z. Den Kindern und Jugendlichen geht es heute besser als je zuvor. Beobachtbar ist allerdings ein klarer Trend zur „Wohlstandspolarisierung". So kann der überwiegende Teil der Heranwachsenden auf eine einigermaßen sorgenfreie Zukunft blicken, abgesichert von den Eltern. Daher konzentrieren sie sich auf die Erfüllung ihrer Wachstumsbedürfnisse. Allerdings kommt hierzulande immerhin fast jeder dritte Mensch aus einem Elternhaus, das entweder von Armut bedroht ist oder bei dem die Eltern keiner Erwerbstätigkeit nachgehen. Nicht nur angesichts

---

[33] Vgl. http://www.sinus-institut.de (2013).
[34] Vgl. http://www.hrweb.at (2014).
[35] Vgl. http://www.brandwatch.com (2014).

gestiegener Scheidungsraten wachsen Kinder öfter bei einem Erziehungsberechtigten oder in einer Zweitfamilie auf und machen damit Erfahrungen von Instabilität und sozialer Ungewissheit. Die Familie bleibt daher von sozialer Bedeutung und dient als Rollenvorbild und der Erfüllung der Sicherheitsbedürfnisse.[36] Den Wohlstand den die Eltern sich hart erarbeitet haben möchte die Generation erhalten.[37] Durch die Möglichkeit das Abitur nach der 12. Jahrgangsstufe zu erreichen und durch die Einführung der Bachelor Studiengänge kann die Gen Z früher als je zuvor als akademischer Arbeitnehmer in den Arbeitsmarkt eintreten. Demzufolge werden viele Reifeprozesse der Persönlichkeit sich nicht mehr während des Studiums vollziehen, sondern sich in die Zeit des Erwerbslebens verschieben.

4   Der „neue" Mitarbeiter: Die Generation Y

4.1   Definition Generation Y

Zu der Generation Y zählen alle Jahrgänge, die zwischen den Jahren 1980 bis 1994 geboren wurden. Allerdings gibt die Fachliteratur unterschiedliche Jahreszahlen an.

Für die Generation Y (Gen Y) gibt es unterschiedliche Namenskennungen und Begriffe. Sie ist auch bekannt unter Digital Natives[38], Generation Why oder Millennials. Sie tritt als Nachfolgegeneration der Baby Boomer in die Gesellschaft ein. Nach dem Abitur und dem Hochschulstudium beginnt diese Generation um die Jahrtausendwende ihr Arbeitsleben. Natürlich ändert sich die Charakteristik eines Menschen nicht an einem bestimmten Datum oder bei einer bestimmten Jahreszahl. Deshalb gibt es immer wieder Menschentypen, die in diesem Zeitraum geboren wurden, die andere Ansprüche und Werte besitzen.[39]

4.2   Die Charakteristika, Werte und Leistungsbereitschaft der Generation Y

Diese neue Generation bringt wie jede andere Generation vor ihnen oder nach ihnen neue Eigenheiten mit sich. Viele Experten sind sich sicher, dass der Einfluss dieser Arbeitnehmer auf dem Arbeitsmarkt verändernd sein wird. Denn sie sind an eine leistungsorientierte Gesellschaft gewöhnt, anspruchsvoll, qualifiziert, Multitasking-

---

[36] Vgl. Klaffke (2014), S. 69ff.
[37] Vgl. http://www.sinus-institut.de (2013).
[38] Vgl. http://www.business-wissen.de (2011).
[39] Vgl. Permant (2009), S. 17ff.

fähig, selbstbewusst, sozial, zuversichtlich, behütet[40] und kennen ihren Marktwert. Sie werden auch oft als Querdenker bezeichnet, welches ihnen ermöglicht, neue Wege zu beleuchten, um das Ziel zu erreichen. Die Gen Y hinterfragt regelmäßig ihr Leben und Ihre Karriere.[41] Der Drang nach Selbstverwirklichung spielt eine sehr große Rolle und wird sogar als Erfolgsfaktor gesehen. Eine exzellente Ausbildung ist ihnen sehr wichtig und führt zu einem lebenslangen Lernen auch außerhalb des Unternehmens. Informationen schnell über das Internet, über Soziale Netzwerke zu bekommen oder der effiziente Umgang mit dem heutigen Informationsüberschuss stellt für die Gen Y keine Herausforderung dar. Die Gen Y bevorzugt das Lernen durch aktive Mitarbeit und E-Learning. Ein sehr ausgeprägtes Umweltbewusstsein zeichnet diese neue Generation ebenfalls aus, wie die Beteiligung der Väter an der Kindererziehung.[42] Immaterielle Werte sind wichtiger geworden als materielle Werte, wie z.B. das Gehalt.[43] Dennoch hat die Gen Y wie jede andere Generation auch Nachteile. Ungeduld und die Unlust sich intensiv in ein spezielles Thema einzuarbeiten, wird Ihnen vorgeworfen.[44] Viele Personaler beklagen auch das Fehlen des analytischen Denkvermögens und eine ausgeprägte Sensibilität.[45]

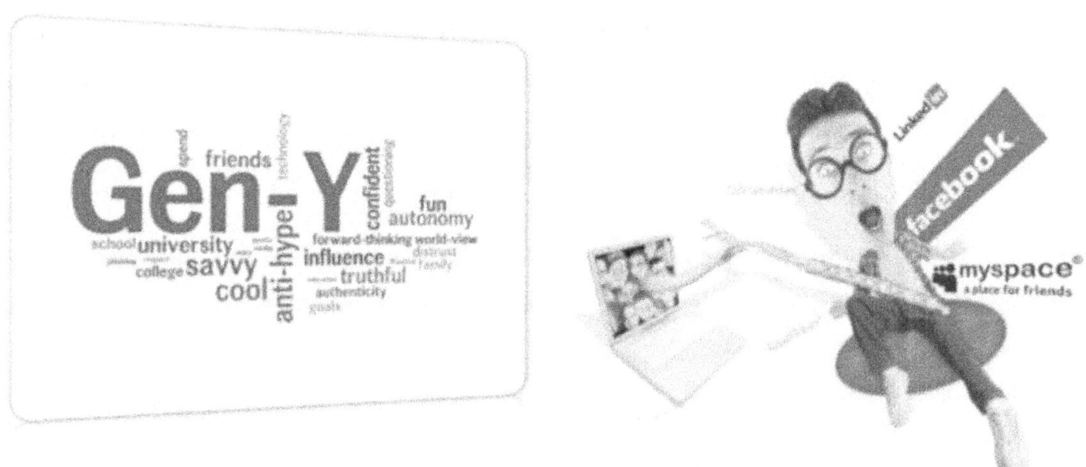

Abbildung 3[46] und Abbildung 4[47]: Charakteristika der Generation Y

---

[40] Vgl. Klaffke (2011), S. 170.
[41] Vgl. http://www.haufe.de (2009).
[42] Vgl. Klaffke (2014), S. 60ff.
[43] Vgl. Permant (2009), S. 51ff.
[44] Vgl. http://community.t-online.de (2010).
[45] Vgl. http://www.spiegel.de (2011).
[46] Vgl. http://ybr.thinkinnovation.de (2011).
[47] Vgl. http://www.currencymarketing.ca (2009).

4.3 Die Ansprüche dieser Generation an das Arbeitsleben

Die Gen Y sucht im Arbeitsleben die Herausforderung mit viel Abwechslung und Erlebnissen und stellt damit die Unternehmen wiederum vor große Herausforderungen. Die Millennials benötigen auch viel Freiraum für ihre eigene Kreativität und Dynamik. Läuft die Karriere nicht rund oder kommt es gar zum Stillstand, zögert diese Generation nicht lange und es wird nach Alternativen gesucht. Bereits im Studium bekommen die Studenten beigebracht, dass es wichtig ist, sich innerhalb der ersten zehn Berufsjahre viel Erfahrung und Wissen anzueignen. Deshalb ist es nicht verwunderlich, dass diese Generation eine hohe Wechselbereitschaft und Mobilität/Flexibilität auszeichnet. Sie möchten in verschiedenen Branchen arbeiten und Auslandserfahrung sammeln. Sie fordern eine starke emotionale Arbeitgebermarke, Work-Life Balance und eine ansprechende Unternehmenskultur. Gefragt sind ebenfalls starke Unternehmenswerte, die Orientierung vermitteln und dabei Verantwortung für Umwelt und Gesellschaft signalisieren. Sie achten sehr darauf, ob das Unternehmen an ihnen interessiert ist und der Job zu ihnen passt. Damit der Wunsch nach Selbstverwirklichung erfüllt wird, erwartet die Gen Y ein breites Angebot an Förderung und viel Transparenz vom Unternehmen. Ebenfalls ist es besonders ratsam, ein regelmäßiges Feedbackgespräch zwischen Arbeitgeber und Arbeitnehmer durchzuführen. Vertreter der Y-Generation sind es gewohnt durch den „Like-Button" bei Facebook sofortige und vielfältige Rückantworten zu erhalten und erwarten dies auch im Arbeitsleben. Dadurch ist auch erkennbar, dass der Wunsch nach unmittelbarer Anerkennung von Leistung gegenüber der langfristigen Honorierung an Bedeutung gewinnt. Das Arbeitsverhältnis wird oftmals eher als eine Serie von Transaktionen angesehen, geprägt von kleinen und raschen Belohnungen. Diese Arbeitnehmer arbeiten sehr gerne in einem Team und fordern vom Vorgesetzten klare Ansagen über die Karriere und über die eigene Arbeitsleistung.[48] Die Akzeptanz der Gen Y zum Vorgesetzten müssen sich Führungskräfte hart erarbeiten. Außerdem werden die Personen sofort und direkt angesprochen, die das nötige Know-How besitzen, um die Lösung zu bekommen. Es wird auch gerne die Sinnhaftigkeit einzelner Geschäftsprozesse in

---

[48] Vgl. http://www.spiegel.de (2011).

Frage gestellt, um die Qualität im Unternehmen zu verbessern.[49] Auf ein individuelles Arbeitsumfeld, mit einem persönlich gestalteten Schreibtisch wird genauso viel Wert gelegt, wie auf ein Home Office Arbeitsplatz im Zuge der Vermischung von Arbeit und Freizeit.[50] Die Gen Y zeichnet sich durch ihre technologieaffine Lebensweise aus, indem sie digital kommunizieren, vielfältig vernetzt und gewohnt sind, einen permanenten Zugang zu Informationsquellen zu haben. Im Hinblick auf die Nutzung von Gegenständen, Software oder Musik steht nicht das Eigentum, sondern der Besitz im Sinne tatsächlicher und gegebenenfalls kurzzeitiger Nutzungsmöglichkeiten. Leistung und Genuss sind bei der Gen Y gleich. Sie wollen Ihre Zeit sinnvoll eigenverantwortlich den eigenen Vorstellungen entsprechend einsetzen und Lebensfreude und Spaß bei der Arbeit empfinden.[51] Damit bestätigen sich die in der Sozialisationshypothese erarbeiteten Erkenntnisse, dass die Wachstumsbedürfnisse z.B. Individualisierung und Selbstverwirklichung an Gewichtung gewonnen haben.

4.4 Vorstellung eigener Erkenntnisse über Bindungseigenschaften der Gen Y

In diesem Abschnitt werden aufgrund der Charakteristika, Werte und Ansprüche an das Berufsleben die Bindungseigenschaften der Gen Y vorgestellt. Da die Gen Y sehr gern digital kommuniziert und sich vielfältig vernetzt, sollten die Unternehmen bei der Wahl einer Kommunikationsplattform diese Eigenschaften berücksichtigen. Ebenfalls ist es vorteilhaft, wenn die Arbeit durch Spaß, Flexibilität, Abwechslungen und Herausforderungen gekennzeichnet ist. Damit die hohe Leistungsbereitschaft und der Wunsch nach einer ausgewogenen Work Life Balance optimal bei der Gen Y angesprochen wird, müssen die Unternehmen bei der Gestaltung der Arbeitszeit und der Entgeltgestaltung diese Individualbedürfnisse berücksichtigen. Es sollte eine Transparenz im Unternehmen geschaffen werden, die der Gen Y jederzeit aufzeigt, wie wichtig die auszuführen Aufgaben im Unternehmen sind. Der Wunsch nach Selbstverwirklichung stellt eine sehr starke Bindungswirkung bei der Gen Y dar und muss durch entsprechende Entwicklungsmöglichkeiten und Perspektiven dem Mitarbeiter transparent dargestellt und in regelmäßigen Mitarbeitergesprächen

---

[49] Vgl. Permant (2009), S.27ff.
[50] Vgl. http://www.business-wissen.de (2011).
[51] Vgl. Klaffke (2014), S. 64ff.

besprochen werden. Hierbei sollte der Vorgesetzte die persönliche Beziehung zur Gen Y dauerhaft aufrechterhalten und auch Lob und Anerkennung verteilen, damit diese junge Generation die Orientierung nicht verliert. Die Gen Y ist durch den hohen Wert der Familie sehr sozial und das sollte sich im Betriebsklima des Unternehmens widerspiegeln. Sie übernehmen gerne Verantwortung für die Umwelt und legen Wert auf ein individuelles Arbeitsumfeld und immaterielle Werte.

5 Der „zukünftige" Mitarbeiter: Die Generation Z

5.1 Definition Generation Z

Die ersten dieser Generation drängen auf den Arbeitsmarkt und werden diesen ordentlich durcheinander wirbeln. Aber diese Aussage gab es auch bereits bei der Gen Y. Die Gen Z ist noch mehr Digital Natives als ihre Vorgänger. Sie sind die gegenwärtigen Kinder und Jugendliche zwischen 9 und 17 Jahren. Ab welchem Geburtsjahrgang die Generation Z tatsächlich beginnt, da sind sich die Experten uneinig. In der Fachliteratur wurden unterschiedliche Jahreszahlen von 1991, über 1995 bis 2005 genannt. Wie bei der Gen Y auch, können sich nicht alle Jugendliche von gleichen Werten und Motiven geprägt verhalten. Daher sollten auch bei dieser Arbeitnehmergeneration immer die individuellen Bedürfnisse der zukünftigen Mitarbeiter berücksichtigt werden. Denn diese Generation legt noch mehr Wert auf Individualität, als die Generationen vor ihnen. [52]

5.2 Die Charakteristika, Werte und Leistungsbereitschaft der Generation Z

Sie wuchsen sehr behütet und beschützt auf. Daher lässt sie eine pragmatische Vielfalt an Werten erkennen. Bedürfnisse nach Sicherheit und Zugehörigkeit stehen flexibel neben Leistungsorientierung und Ehrgeiz sowie dem Wunsch nach Abwechslung[53], individueller Entfaltung und Lebensgenuss. Die Gen Z sucht wie alle anderen Kinder vor ihnen nach Aufmerksamkeit, Bestätigung und Liebe. [54] Keine Kohorte sah in den vergangenen 25 Jahren die persönliche Zukunft so optimistisch, wie die Jugendlichen heute. Zukunft wird dabei nicht auf lange Sicht gesehen, sondern eher kurzfristig gedacht. Wie die Millennials zuvor, muss die Gen

---

[52] Vgl. http://www.hrweb.at (2014).
[53] Vgl. http://www.news.com.au (2014).
[54] Vgl. https://www.deutsche-bildung.de (2014).

Z bereits beim Aufwachsen mit den zunehmenden Handlungsalternativen umgehen können und suchen dementsprechend nach Orientierung. [55] Eine besondere Eigenschaft ist, dass sie sich unbequemen Situationen stellen. Die Gen Z kommuniziert gern visuell, mit Bildern und Videos. Daher werden Sie wohl eher keine gute Kommunikatoren werden, was das geschriebene Wort angeht. Das soll aber nicht heißen, dass sie sprachlich nicht gut qualifiziert sind. Da sie in einer vollkommen digitalen Welt aufgewachsen sind wird mit Freunden hauptsächlich über Facebook kommuniziert. Viele Handlungen im Leben zur Selbstdarstellung werden über Facebook gepostet, geliked und kommentiert. Sie nehmen neue Technologie sehr schnell an, sind geübt im Multitasking und können Störgeräusche online gut ausblenden. Außerdem begreifen sie die soziale Privatsphäre im Netz und kontrollieren diese genau. Ebenfalls treffen Sie Entscheidungen auf Grundlage ihrer Netzwerke oder YouTube-Videos. Sie nutzen z.B. Tablet-PC und Smartphones, um fernzusehen und hören Musik auf Pandora und anderen Musikstreaming-Webseiten. Dabei können sie ihren Blick kaum von ihren mobilen Geräten abwenden, nicht einmal beim Abendessen. [56] Sie sind sehr zielorientiert und Wissen das durch den unbegrenzten Zugang zu Know-How übers Internet heutzutage kaum noch Grenzen gesetzt sind und sie noch weniger Loyalität haben, als die vorherigen Generationen. [57]

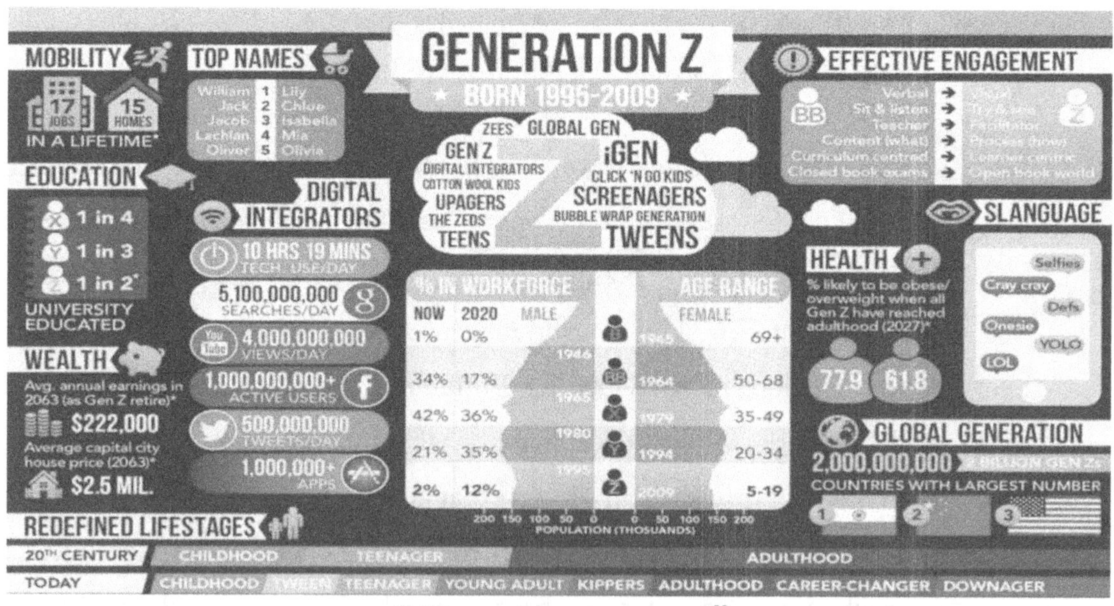

Abbildung 5: Die Generation Z[58]

---

[55] Vgl. Klaffke (2014), S. 73.
[56] Vgl. http://www.grouponfunktioniert.de (2014).
[57] Vgl. http://derstandard.at (2014).
[58] Vgl. http://visual.ly/generation-z-0 (2014).

5.3 Die Ansprüche dieser Generation an die Ausbildung

Die Gen Z betritt bereits heute die Arbeitswelt und sie haben als erste Generation seit den Babyboomern aus innerem Antrieb heraus den Anspruch eine Führungsrolle einzunehmen.[59] Die Ansprüche der Gen Z liegen neben der Wertschätzung der Mitarbeiter auf der Sicherheit der Anstellung, attraktiven Arbeitsaufgaben, einem guten Betriebsklima und einem familiären Umgang. Sie möchten Spaß an der Arbeit haben und dabei auch etwas lernen. Außerdem haben sie ein gesteigertes Interesse daran, an interessanten Projekten mitzuwirken. Sie möchten individuell betreut und ihre Bedürfnisse müssen ernst genommen werden. Es muss wie bei der Gen Y eine Work-Life Balance vorhanden sein. Skype und Facebook gehören zum Standardkommunikationsmittel und ein Entzug dieser Kommunikationsplattformen kann Panikattacken auslösen. Weiterhin verstehen sie sich im Sinne des Homo oeconomicus als Entrepreneur mit dem Ziel der persönlichen Einkommens- und Lebenslustmaximierung. Um dieses Ziel zu erreichen, sind sie auch gerne bereit hart zu arbeiten, außer am Wochenende. Die Arbeit soll einen hohen Praxisbezug haben und viele Karriere- und Entwicklungsmöglichkeiten bieten. Ein Praktikum vor der Ausbildung und die Qualifikationen sind ihnen wichtig, um ein solides Fundament für eine gute mittelfristige Perspektive zu legen.[60] Beim Lernen hat ein völliger Wandel stattgefunden. Wissen ist jederzeit, von überall übers Internet abrufbar. Dementsprechend sind sie in der Lage die Informationen zu filtern und das relevante Wissen herauszuziehen. Sie orientieren sich noch schneller neu um, sind also noch weniger loyal als ihre Vorgänger.[61] Da die Fehlertoleranzgrenze in dieser Generation nur sehr gering ist, muss ein unmittelbares Spaß- und Erfolgserlebnis herauskommen und Statussymbole sind nicht mehr wichtig. Die Gen Z legt Wert auf Kompetenz und auf Substanz. Weiterhin fordern sie flache, gleichberichtigte Hierarchien und eine freie Unternehmenskultur. Die Führungsstile sollten ergebnisorientiert sein.[62] Personen bekommen von ihnen den Respekt, wenn diese authentisch sind und wenn Sie von ihnen lernen können und nicht kraft Position.[63] Außerdem vertrauen sie den

---

[59] Vgl. http://blog.jobs.ch (2013).
[60] Vgl. http://www.stade.ihk24.de (2010).
[61] Vgl. http://kurier.at (2013).
[62] Vgl. http://derstandard.at (2012).
[63] Vgl. http://www.hrweb.at (2014).

Menschen, die ihnen "ähnlich" sind, auch wenn sie diese nicht persönlich kennen.[64] Sie haben einen hohen Anspruch an den Arbeitgeber, da sie wissen, dass der bevorstehende Fachkräftemangel und der Übergang vom Arbeitgeber- zum Arbeitnehmermarkt den Marktwert der neuen Gen Z steigert und sie damit bessere Arbeitsbedingungen durchsetzen können.[65] Auch hier lässt sich bestätigen, dass die Wachstumsbedürfnisse eine immer höhere Gewichtung im Leben der Gen Z einnimmt. Allerdings sollte beachtet werden, dass viele Veränderungen in der Umwelt die Relevanz der Sicherheitsbedürfnisse nicht völlig verschwinden lassen.

5.4 Darstellung eigener Erkenntnisse über Bindungseigenschaften der Gen Z

Die Generation legt noch mehr Wert auf Individualität als die Gen Y und alle anderen vor ihnen und ihre Bedürfnisse müssen ernst genommen werden. Wenn die Unternehmen es schaffen der Gen Z eine gewisse Sicherheit der Anstellung, Orientierung und Zugehörigkeit durch Respekt vor Azubis und einem guten Betriebsklima mit familiärem Umgang zu bieten, dann dürfte sich daraus eine hohe Bindungswirkung entfalten. Ebenfalls sollten mit flachen, gleichberichtigten Hierarchien und einer freien Unternehmenskultur Bindungskräfte bei der Gen Z entstehen. Weitere Bindungseigenschaften entstehen auf Arbeit durch Spaß, Abwechslung und interessanten Projekten. Die Entgeltgestaltung sollte ergebnisorientiert umgesetzt werden. Da sie gerne praktische Erfahrungen sammeln, sollte ein Praktikum vor der Ausbildung im Betrieb die ersten Bindungswirkungen erzeugen. Die Gen Z kommuniziert gern audiovisuell, mit Bildern und Videos und dies sollte bei der Wahl der Lernmethode und der Kommunikationsplattform im Unternehmen berücksichtigt werden. Eine mobile Office Ausstattung mit z.B. Laptop wird von dieser Generation vorausgesetzt. Ein wichtiger Punkt im Leben der Gen Z stellt die Lebensqualität dar. Es muss eine Work-Life Balance vorhanden sein. Bewusste Phasen der regenerativen Auszeit und des biografischen Überdenkens dürften daher zukünftig bedeutsamer werden. Hier müssen die Unternehmen aber authentisch bleiben.

---

[64] Vgl. http://www.grouponfunktioniert.de (2014).
[65] Vgl. Permant (2014), S. 154.

6 Instrumente zur Mitarbeiterbindung

6.1 Materielle Instrumente

Die finanzielle Vergütung der geleisteten Arbeit ist die klassische Form des materiellen Entgelts. Der Mitarbeiter stellt seine Arbeitsleistung dem Unternehmen zur Verfügung und dafür erhält er eine Leistungsvergütung.[66] Bei der Auswahl bzw. Kombination der Entgeltformen wird zunächst in materielle und immaterielle Instrumente differenziert. Das Arbeitsentgelt stellt i.w.S. die materiellen Instrumente dar und muss quantifizierbar sein. Bei den materiellen Instrumenten kann weiterhin in monetäre und nicht- monetäre Bestandteile differenziert werden.

Der Zeitlohn besteht aus einem reinen fixen Bestandteil und wird unabhängig von der Arbeitsleistung gezahlt. Daneben bestehen die variablen Entgeltbestandteile aus variablen Komponenten z.B. Zuschläge für Nacht-, Sonn- und Feiertagsarbeit, Provisionen und Leistungszulagen, Prämien sowie Akkord- und Pensumlöhne. Neben diesen einkommenswirksamen Entgeltbestandteilen wird auch die materielle Mitarbeiterbeteiligung in Form einer vermögenswirksamen Kapitalbeteiligung zu den monetären Entgeltformen gezählt. Kapitalbeteiligungen können unterschiedliche Formen aufweisen. Bei der Fremdkapitalbeteiligung stellen die Mitarbeiter der Unternehmung Kapital für eine vereinbarte Laufzeit zur Verfügung und erhalten dafür einen Zinssatz, der über dem Marktzins liegt. Die häufigste Form der Eigenkapitalbeteiligung in Aktiengesellschaften sind Belegschaftsaktien und in Unternehmen mit anderen Rechtsformen sind häufig stille Beteiligungen möglich.[67]

Nicht-monetäre Entgeltbestandteile sind für die Unternehmung nicht zwangsläufig mit einer Ausgabe verbunden. Ihr Geldwert muss jedoch quantifizierbar sein. Dabei können mehrere Formen unterschieden werden. Zu den Sachleistungen zählt z.B. ein subventioniertes Kantinenessen. Zu den Nutzungsgewährungen gehören etwa betriebliche Sport-, Freizeit- und Sozialeinrichtungen (z.B. Betriebskindergärten) oder die geduldete private Nutzung betrieblichen Vermögens (z.B. Dienstwagen). Die Vergabe zinsgünstiger Darlehen oder die Rechtsberatung zählt zu den Beratungs-, Bank- und Versicherungsleistungen.

Viele Unternehmungen ermöglichen ihren Mitarbeitern, im Rahmen von Cafeteria-Systemen nach ihren individuellen Präferenzen zwischen verschiedenen materiellen

---

[66] Vgl. Rowold (2013), S. 73.
[67] Vgl. Holtbrügge (2013), S. 204ff.

und immateriellen Leistungen auszuwählen. Die Auswahl erfolgt aus einem von der Unternehmung zusammengestellten Leistungsangebot unter Ausschöpfung eines zuvor individuell festgelegten Budgets. Der Mitarbeiter kann unter der Prämisse der Kostenneutralität zwischen inhaltlich und zeitlich verschiedenen Entgeltbestandteilen (Direktentgelt, Sozialleistungen) innerhalb eines bestimmten Budgets wählen. Analog der Menüauswahl in einer Cafeteria in einem periodisch wiederkehrenden Wahlturnus. Der Geldwert jedes einzelnen Leistungsangebots aus dem Cafeteria-Angebot wird durch den Arbeitgeber ermittelt. In der Literatur wird zwischen Kernplan, alternativer Menüplan und Buffetplan differenziert.[68] Durch die mit Cafeteria-Systemen verbundene Individualisierung der Entgeltformen hat jeder Mitarbeiter die Möglichkeit, diejenigen Komponenten zu wählen, die seinen Bedürfnissen und seiner finanziellen Situation am besten entsprechen, und auf Leistungen zu verzichten, die für ihn von geringer Wertigkeit sind. Für Unternehmen beinhalten Cafeteria-Systeme somit den Vorteil, die Leistungs- und Zufriedenheitswirkung der Entgeltpolitik durch die optimale Aufteilung der Personalaufwendungen zu steigern, ohne diese absolut erhöhen zu müssen (Allokationseffekt). Das Cafeteria-System setzt eine bestimmte Unternehmensgröße voraus, damit Freizeitausgleich und die komplexe Planung überhaupt bewerkstelligt werden können.

Tabelle 1: Mögliche Leistungsangebote eines Cafeteria-Systems[69]

Geld-/Zeit-Verrechnungs-Leistungen • kürzere Tages, - Wochen- Jahresarbeitszeit • Langzeiturlaub (Sabbatical) • Ruhestandsregelung/Frühpensionierung	**Weiterbildungs-Leistungen** • Bildungsurlaub • Auslandsaufenthalte
Zeit-Leistungen • flexible Arbeitszeiten	**Gesundheitsleistungen** •kostenlose Vorsorgeuntersuchung
Geld-Leistungen • Arbeitgeberdarlehen • Betriebsaktien • Gewinnbeteiligung • zusätzliche betriebliche Altersversorgung	**Zusätzliche Versicherungs-Leistungen** • Lebensversicherung (Direktversicherung) • zusätzliche Krankenversicherung • Unfallversicherung,- Haftpflicht- Rechtsschutzversicherung usw.
Sach- und sonstige Leistungen • Firmenwagen – und Wohnung • Sportangebote •Zuschuss Kindergartenplatz ohne Begrenzung •Arbeitgeberfinanzierte Altersvorsorge[70]	**Beratungsleistungen** • Rechts- und Steuerberatung • Finanzberatung

---

[68] Vgl. Berthel, J./Becker, F. G. (2007), S. 476.
[69] Vgl. Holtbrügge (2013), S. 205ff., geänderte Darstellung.
[70] Vgl. Schumacher (2014), S. 42.

6.2 Untersuchungen der Bindungseigenschaften materieller Instrumente

Die materiellen Instrumente zählen zu den extrinsischen Hygienefaktoren. Nach Herzberg verhindert eine angemessene Entlohnung Unzufriedenheit, reicht jedoch nicht zur dauerhaften Arbeitsmotivation aus.

Das Cafeteria System spricht diejenigen an, die einen hohen Anspruch zur Flexibilität, Individualität und Wachstumsbedürfnissen haben. Außerdem zeigt es die Wertschätzung vom Arbeitgeber zum Mitarbeiter. Das Ziel der persönlichen Einkommens- und Lebenslustmaximierung wird mit diesem Instrument und mit der Nutzung eines Betriebskindergartens umgesetzt. Ist es das Ziel Generationen anzusprechen die eine hohe Leistungsorientierung und ein hohes Pflichtbewusstsein haben, dann hat die variable Entlohnung eine enorme Bindungswirkung. Wenn die Mitarbeiter Interesse daran haben sich am Erfolg des Unternehmens zu beteiligen, dann haben Mitarbeiterbeteiligungen die passende Bindungseigenschaft. Der Zeitlohn ist weniger anspruchsvoll und fördert auch die Leistungsbereitschaft der anzusprechenden Generationen nicht. Leistungsanreize sind kaum vorhanden, allerdings werden die Sicherheitsbedürfnisse erfüllt.

6.3 Immaterielle Instrumente

Unter immaterielle Instrumente werden Instrumente verstanden die ohne direkten oder indirekten monetären Zufluss an die Mitarbeiter der Mitarbeiterbindung dienen. Diese werden meist mit Werten in Verbindung gebracht, die sich nur schwer messen, sondern eher fühlen lassen. Darunter fallen unternehmerische Strukturen und die Organisation der Arbeit an sich, ebenso wie das betriebliche soziale Umfeld des Mitarbeiters und seinen Möglichkeiten sich durch die Arbeit zu entfalten. Dementsprechend werden in der Fachliteratur die Arbeitszeitregelung, Aufstiegs- und Qualifikationsmöglichkeiten, Arbeitsinhalt, Arbeitsplatzgestaltung und Führungsstil als immaterielle Instrumente genannt.[71] Da im Grundlagenteil bereits einige Führungsstile erläutert wurden, werden im nächsten Abschnitt die weiteren immateriellen Instrumente aufgezählt.

---

[71] Vgl. Knoblauch (2004), S. 113.

Ein optimal eingerichteter Arbeitsplatz zeichnet sich dadurch aus, wenn übermäßige körperliche, psychische Belastungen sowie negative Umgebungseinflüsse bspw. Lärm reduziert werden.[72]

Die Summe aller Aufgaben, die ein Mitarbeiter anhand der Stellenbeschreibung zu erledigen hat, stellt den Arbeitsinhalt des Arbeitnehmers dar. Dabei ist zu beachten, dass eine starke Stellenspezialisierung zu Monotonie und einseitigen körperlichen, geistigen Belastungen führt. Um die Aufgabenvielfalt sowie die Qualifikationen des Mitarbeiters zu erhöhen, sollten neben interessanten Projekten, Jobrotation und Jobenrichment durchgeführt werden.

Durch die Gewichtung von Aufstiegs- und Qualifikationsmöglichkeiten haben immer mehr Arbeitnehmer den Drang ihre Qualifikation durch den Ausbau beruflicher Fach,- Methoden- und Sozialkompetenzen weiter voranzutreiben. Auch fordern sie Perspektiven im Unternehmen in Form von Führungs-, Fach- und Projektkarrieren. Bei der Umsetzung dieser Weiterbildung stellt die E-Learning Methode neben Planspielen auch Computer Based Trainings (CBT) als Instrument zur Verfügung.

Der Trend der Individualisierung bei den jungen Mitarbeitern erfordert auch Veränderungen im Bereich der Arbeitszeit. Da immer mehr Mitarbeiter von ihren Arbeitgebern eine für ihre Lebenssituation entsprechende Work-Life Balance fordern gewinnen die Modelle der Vertrauensarbeitszeit, gleitenden Arbeitszeit, der Langzeit- und Lebensarbeitszeitkonten z.B. Sabbatical immer mehr an Bedeutung.

6.4 Analysen der Bindungseigenschaften immaterieller Instrumente

Mitarbeiter sind jedoch nicht nur Träger von Leistungen, sondern auch von Bedürfnissen und Werten. Wer Mitarbeiter nachhaltig an das Unternehmen binden möchte, unter weitestmöglicher Deckung persönlicher und unternehmerischer Ziele, muss mitarbeiterorientiert denken.

An erster Stelle der Bedürfnisse stehen Sicherheit und Vertrauen. Die Vertrauensarbeitszeit erfüllt u.a. das Sicherheitsbedürfnis und hat damit eine Bindungswirkung auf Mitarbeiter, die nach Sicherheit streben. Damit soll auch die eigenverantwortliche Steuerung der Arbeitszeiten gefördert werden, die wiederum

---

[72] Vgl. Rowold (2013), S. 81ff.

die Arbeitsproduktivität und– Zufriedenheit erhöht.[73] Zusätzlich gehören zu den extrinsischen Hygienefaktoren die Arbeitszeitmodelle Sabbatical, Gleitzeitkonto und Zeit-Wert-Konto. Sie erfüllen die Individualbedürfnisse, die Flexibilität und verhindern die Arbeitsunzufriedenheit der Mitarbeiter, weil die geforderte Work-Life Balance während der Erwerbszeit angesprochen wird.

Aus Sicht der Motivationstheorien stellt auch ein anregender Arbeitsplatz einen extrinsischen Hygienefaktor und damit eine wichtige Quelle zur Vermeidung von Arbeitsunzufriedenheit der Mitarbeiter dar.[74] Die Bindungseigenschaften verstärken sich bei Generationen mit Technikansprüchen und Individualbedürfnissen.

Die bereits dargestellten kooperativen Führungsstile, das Betriebsklima und die Unternehmenskultur gehören ebenfalls zu den extrinsischen Faktoren und lassen eine Bindungswirkung erkennen. Sie vermeiden auch Unzufriedenheit bei der Arbeit.

Das Streben nach Entwicklungs- und Selbstverwirklichungsmöglichkeiten stellte bereits Maslow als höchstes Bedürfnis des Menschen in seiner Bedürfnispyramide dar. Dieser intrinsische Motivationsfaktor steigert die Arbeitszufriedenheit und damit die Motivation der Mitarbeiter durch einen individuell erarbeiteten Karriere- und Laufbahnplan sowie Entwicklungs- und Selbstverwirklichungsmöglichkeiten. Ebenfalls führt ein sofortiges Spaß- und Erfolgserlebnis bei der Umsetzung der Weiterbildungsmaßnahmen zu einer Steigerung der intrinsischen Motivation beim Mitarbeiter und dadurch entstehen Bindungswirkungen.

Eine intensive intrinsische Motivation lässt sich auch anhand des Arbeitsinhalts feststellen. Denn langfristig bleiben nur die Mitarbeiter im Unternehmen, die keine Langeweile, Überforderung und Ausbeutung bei der Arbeit empfinden. Daher sollte der Arbeitsinhalt durch interessante Projekte anregend gestaltet werden. Die Wirkung ist positiv, wenn das Bedürfnis nach persönlicher Entfaltung hoch ist.[75]

Ein Unternehmen mit erfolgreich konzipierten und umgesetzten immateriellen Instrumenten sorgt für eine emotionale Bindung ihrer Mitarbeiter, die sich in Stolz und Loyalität ausdrückt.

---

[73] Vgl. Holtbrügge (2013), S. 131ff.
[74] Vgl. Loffing/Loffing (2010), S. 160.
[75] Vgl. Holtbrügge (2013), S. 159f.

7 Vergleich der Bindungseigenschaften der Gen YZ mit den vorgestellten materiellen/immateriellen Instrumenten

7.1 Analyse der Instrumente und deren Bindungswirkung bei der Gen Y

Die Gen Y legt sehr viel Wert auf Individualität. Dementsprechend hat ein individuelles Arbeitsumfeld mit einem persönlich gestalteten Schreibtisch und modernen elektronischen Kommunikationsmitteln eine große Bindungskorrelation. Durch die hohe soziale Bindung zum familiären Umfeld und der geforderten Work-Life Balance bei der Gen Y, sollten flexible Arbeitszeiten angeboten werden. Das kann in Form von Sabbatical, Gleitzeit, Vertrauensarbeitszeit, Zeit-Wert-Konto sowie einem Home Office Arbeitsplatz im Zuge der Vermischung von Arbeit und Freizeit geschehen. Weiterhin steigt der Anteil der Studentinnen mit Kinderwunsch. Damit sollte der Ansatz für ein kinderfreundliches Unternehmen durch firmeneigenen Kindergarten immer mehr in den Fokus der Unternehmen rücken, insofern das Unternehmen weibliche Mitarbeiter ansprechen möchte. Millennials suchen im Privat- aber auch im Berufsleben nach Ankern. Fürsorgliche Vorgesetzte und freundliche Kollegen können ihnen Orientierung bieten und als Gegengewicht zum Entscheidungsdruck in der Multi-Optionsgesellschaft fungieren. Ebenfalls gilt es als Führungskraft besonders die emotionale Ebene zu adressieren, die individuellen Werte, Normen und Bedürfnisse der Mitarbeiter stärker zu berücksichtigen und somit Führungsbeziehungen höchst individuell und partnerschaftlich zu gestalten. Als Coach fungieren Sie als Vorbilder, von denen Sie viel lernen können. Eine transparente und authentische Unternehmenskultur sowie starke Unternehmenswerte, die Orientierung vermitteln haben bei der Gen Y eine hohe Bindungswirkung. Der Wunsch nach unmittelbarer Anerkennung von Leistung hat gegenüber der langfristigen Honorierung an Bedeutung gewonnen, denn das Arbeitsverhältnis wird oftmals geprägt von kleinen und raschen Belohnungen. Bei der Gen Y werden sinnlose Aufgaben nicht akzeptiert, daher sind die Führungskräfte in der Pflicht zu erklären, wie die jeweilige Tätigkeit zur Zielerreichung im Unternehmen beiträgt. Um die hohen Ansprüche zur Selbstverwirklichung der Gen Y anzusprechen, sollte im Unternehmen ein breites Angebot an Förderungen umgesetzt werden. Hierzu gehört auch eine transparente Kommunikation der Laufbahn- und Karrieremodelle vor allem aber ein individualisiertes Entwicklungsangebot. Da die

Gen Y oft als leistungsfähig und leistungswillig beschrieben wird, sollte die Personalentwicklung sehr stark vorangetrieben und die Aufgaben abwechslungsreich sein. Daraus lässt sich ableiten, dass die Arbeit durch Jobenrichment und Jobrotation interessanter gestaltet werden muss. Ebenfalls haben sich die Lernprozesse der Generation Y vollständig verändert. Daher sollten Planspiele und E-Learning als Lernplattformen eingerichtet werden. Diese Lernmethode unterstützt den Spaßfaktor, die technische Begeisterung und die Individualität der Gen Y. Lebensgenuss ist für Millennials weniger mit materiellem Reichtum als mit intensivem Erleben und Spaß am konkreten Tun verbunden. Zwar nimmt die Wertigkeit der materiellen Anreize weiter ab, allerdings müssen finanzielle Anreize angemessen und leistungsorientiert sein. Hierfür sind variable Entgeltbestandteile in Form von Prämien oder Leistungszulagen sinnvoll. Zusätzlich sollte eine Mitarbeiterbeteiligung angeboten werden, da die Gen Y gerne am Erfolg im Unternehmen partizipieren möchten. Das Cafeteria Modell ist für diese junge Generation sehr erfolgsversprechend, da die individuellen Bedürfnisse nach Maslow erfüllt werden und dadurch eine hohe Bindungswirkung erreicht werden kann.

7.2 Untersuchung der Instrumente auf deren Bindungswirkung bei der Gen Z

Die Ansprache der Gen Z muss individueller, intensiver und Internetbasiert sein. Durch attraktive Auslandsaufenthalte, interessante Projekte und flexible Arbeitsbedingungen kann das Interesse bei den Jugendlichen geweckt werden. Ein sicherer Arbeitsplatz und die Übertragung verantwortungsvoller Aufgaben ergänzen die Maßnahmen. Die persönliche Wertschätzung sowie eine partnerschaftliche Zusammenarbeit sind wichtige Voraussetzungen bei der betrieblichen Sozialisation. Mit dem kooperativen Führungsstil soll die Beziehung zwischen Mitarbeiter und Vorgesetzten gestärkt und die Identifikation mit dem Unternehmen gefördert werden. Daneben sollten eine transparente Unternehmenskultur und der familiäre Umgang der Mitarbeiter untereinander ein angenehmes und gutes Betriebsklima schaffen. Der Spaß bei der Arbeit soll damit gefördert werden. Für die Gen Z muss ein hoher Ausbildungsanspruch an das Unternehmen und eine permanente Betreuung im Unternehmen durch den Vorgesetzten stattfinden. Wichtig sind auch individuelle Entwicklungsmöglichkeiten, um den Qualifizierungsdruck der Gen Z zu nehmen und

Sicherheit zu vermitteln. Ebenfalls geht eine hohe Bindungswirkung von den Selbstverwirklichungsansprüchen der Gen Z aus, die mit einem individuellen Entwicklungsangebot und Karriereperspektiven umgesetzt werden können. Um den Jugendlichen eine vielfältige und abwechslungsreiche Ausbildung zu ermöglichen müssen die Unternehmen Jobrotation und Jobenrichment einführen. Auch muss ein interner Unterricht und permanentes Feedback zwischen Ausbildungsleiter und Auszubildenden stattfinden, damit der Azubi sich jederzeit orientieren kann. Durch die veränderten Lerngewohnheiten durch das Internet sollten audiovisuelle Lernmethoden umgesetzt werden. Instrumente dafür sind Mobile Learning über Tablet-PC oder Smartphone, um zeit- und ortsunabhängig den kontinuierlichen Lernprozess bestehend aus kleinen Lerneinheiten zu fördern. Der Zeitlohn hat durch den Wunsch nach einer ergebnisorientierten Be- und Entlohnung keine Bindungswirkung auf die Gen Z. Die Aussicht auf eine hohe Bindungswirkung kommt eher den variablen Entgeltbestandteilen zu, wie die Leistungszulage oder Prämien. Das Cafeteria System entspricht dem Gedanken der Gen Z über die Einkommens- und Lebenslustmaximierung, denn es erfüllt die Individualbedürfnisse dieser Generation und sollte daher eine hohe Bindungswirkung auf die Gen Z entfalten. Bei den Arbeitszeitmodellen sind flexible Modelle wie bspw. Sabbatical, Gleitzeit und Vertrauensarbeitszeit sehr wirkungsvoll, da auch hier die Sozial- und Individualbedürfnisse dieser Generation angesprochen werden.

8 Expertenbefragung zur Überprüfung der erarbeiteten Instrumente zur Mitarbeiterbindung der Generation Y und Z

8.1 Einleitung und Ziel der Expertenbefragung

Nachdem in den vorherigen Kapiteln die Bindungseigenschaften der Gen YZ und der materiellen und immateriellen Instrumente dargestellt wurden, konnte auf Basis dieser Informationen eine Analyse ausgewählter Instrumente zur Mitarbeiterbindung der beiden Generationen durchgeführt werden. Um das Ergebnis der Analyse überprüfen zu können ist eine Expertenbefragung unerlässlich. Ziel dieser Studie war es, die eigenen erarbeiteten Erkenntnisse über die Bindungseigenschaften der Instrumente zu bestätigen oder zu widerlegen, um neue Erkenntnisse zu gewinnen.

8.2   Datenerhebung und Methodik

Die Datenerhebung erfolgte im Rahmen einer Onlineumfrage zwischen dem 26.04. - 01.05.2014 unter Nutzung des Befragungsprogramms „Umfrageonline.com" der Enuvo GmbH. Diese Form der Datenerhebung wurde gewählt, da Onlineumfragen schnell und effektiv durchgeführt werden können. Zentrale Zielgruppe der Befragung stellten Personalreferenten, HR Manager und Fachkräfte aus Personalabteilungen dar, die bereits Berufserfahrung im Umgang mit der Gen YZ gesammelt haben. Der Kontakt zu den genannten Personengruppen wurde teilweise über den Bekanntenkreis, über soziale Netzwerke (Facebook) und über Xing hergestellt. Es haben insgesamt sechs Experten an dieser Befragung teilgenommen, wovon fünf Experten die Onlineumfrage vollendeten. Zu den Experten dieser Umfrage zählen u.a. der Bereichsleiter Personal Süd der Firma CWS-boco, eine Personalreferentin der Deutschen Telekom, ein Personalberater und Employer Coach der Permanaut Personalberatung & Consulting und der HR Manager der Firma Areva GmbH.

8.3   Aufbau des Fragebogens

Zur optimalen Operationalisierung von Mitarbeiterbindungsinstrumenten wurde die endpunktbenannte Skala gewählt mit einer ungeraden Anzahl von sieben Skalenpunkten. Die extremen Skalenendpunkte „trifft gar nicht zu" und „trifft voll und ganz zu" wurden dabei verwendet. Der Onlinefragebogen umfasst zehn Fragen mit jeweils mehreren Kriterien pro Frage. Wobei nicht alle Fragen eine inhaltliche Relevanz für diese Arbeit haben. Die Anfangsfrage dient zur Ermittlung der bestmöglichsten Kanäle zur Ansprache dieser Generationen. Die zweite Frage soll ermitteln, wie die Arbeitsinhalte in den befragten Unternehmen gestaltet werden. Die dritte und vierte Frage befasst sich mit den materiellen und immateriellen Instrumenten zur Mitarbeiterbindung der Gen YZ. Bei der fünften Frage geht es darum, mit welchen Instrumenten diese Generationen weiterentwickelt und weitergebildet werden. Die Fragestellung der sechsten und siebten Frage bezieht sich auf Arbeitszeit- und Ausbildungsmodelle. Bei den Fragen acht und neun werden die Charakteristika, Werte und Arbeitsansprüche der beiden Generationen abgefragt. Als Schlussfrage wird eine offene Antwort gewählt, damit noch weitere Maßnahmen von den Experten zur Bindung der Generation YZ angegeben werden können.

8.4 Abgleich der Expertenbefragung mit den eigenen Erkenntnissen

Wie bereits erwähnt, haben nicht alle Fragen eine inhaltliche Relevanz für diese Arbeit. Dennoch wurden im Rahmen dieses komplexen Themas so viele Fragen gestellt, um sehr viele Informationen über die Gen YZ zu sammeln. Daher wird mit der zweiten Frage begonnen, um die von den Experten bewerteten Arbeitsinhalte mit den eigenen Erkenntnissen abzugleichen. Das durchschnittliche arithmetische Mittel stellt das Endergebnis in dieser und in den folgenden Bewertungen dar.

Tabelle 2: Auswertung der Expertenbefragung Frage 2[76]

Kriterien/Instrumente	Ergebnis der Experten (Ø Punkte auf der Skala)	Bindungswirkung wurde bestätigt/widerlegt
Interessante Aufgaben/Projekte	5,40	Bindungswirkung bestätigt
Abwechslungsreichtum	6,25	Bindungswirkung bestätigt
herausfordernde Aufgaben	6,00	Bindungswirkung bestätigt
Verantwortung	5,00	Bindungswirkung bestätigt
Führungsaufgabe	3.25	Bindungswirkung widerlegt

Damit konnten aus der eigenen Bearbeitung die Bindungswirkungen von vier Instrumenten bestätigt werden und nur die Führungsverantwortung wurde widerlegt. Die restlichen Kriterien dieser Fragestellung können aufgrund fehlender, eigener Erkenntnisse nicht mit der Expertenbefragung abgeglichen werden.

Als nächstes werden in der dritten Frage die Ergebnisse der Experten über materielle Bindungsinstrumente mit den eigenen Erkenntnissen verglichen.

Tabelle 3: Auswertung der Expertenbefragung Frage 3

Kriterien/Instrumente	Ergebnis der Experten (Ø Punkte auf der Skala)	Bindungswirkung wurde bestätigt/widerlegt
Zeitlohn/Grundlohn	5,00	schlechte Bindungsw. widerlegt
Variable Entgeltbestandteile	6,00	Bindungswirkung bestätigt
Mitarbeiterbeteiligung	1,75	Bindungswirkung widerlegt
Cafeteria System	1,50	Bindungswirkung widerlegt

Neue Erkenntnisse über die Bindungswirkung konnten bei dieser Frage gesammelt werden. Die Experten setzen die Bindungsinstrumente Mitarbeiterbeteiligung und Cafeteria System kaum in den Unternehmen ein, obwohl die eigene Analyse Bindungseigenschaften hervorbrachte. Dagegen wird der Zeitlohn relativ häufig umgesetzt. Diese Arbeit stellte keine Bindungswirkungen fest. Dafür wurden die variablen Entgeltbestandteile bestätigt. Fringe Benefits und der Prämienlohn wurden in dieser Arbeit nicht bearbeitet und werden dementsprechend nicht ausgewertet.

Anschließend werden die Ergebnisse der Frage vier über die immateriellen Bindungsinstrumente von den Experten mit den eigenen Erkenntnissen abgeglichen.

---

[76] Vgl. Umfragelink: https://www.umfrageonline.com/s/711ed08, eigene Bearbeitung.

Tabelle 4: Auswertung der Expertenbefragung Frage 4

Kriterien/Instrumente	Ergebnis der Experten (Ø Punkte auf der Skala)	Bindungswirkung wurde bestätigt/widerlegt
spannende Arbeitsinhalte	5,00	Bindungswirkung bestätigt
Unternehmenskultur	6,00	Bindungswirkung bestätigt
kooperativer Führungsstil	6,25	Bindungswirkung bestätigt
transformationale Führung	4,75	Bindungswirkung widerlegt
Arbeitsplatzgestaltung	6,25	Bindungswirkung bestätigt
familiäres Betriebsklima	5.00	Bindungswirkung bestätigt
Jobsicherheit	4,75	Bindungswirkung bestätigt
Selbstverwirklichung	6,00	Bindungswirkung bestätigt

Hierbei konnten fast alle Instrumente mit Bindungseigenschaften bestätigt werden. Weiterhin werden die Ergebnisse der fünften Frage über die Personalentwicklungs- und Weiterbildungsinstrumente aus der Expertenbefragung ausgewertet.

Tabelle 5: Auswertung der Expertenbefragung Frage 5

Kriterien/Instrumente	Ergebnis der Experten (Ø Punkte auf der Skala)	Bindungswirkung wurde bestätigt/widerlegt
regelm. Mitarbeitergespräche	6,20	Bindungswirkung bestätigt
Karriere- /Laufbahnplanung	5,50	Bindungswirkung bestätigt
interne Weiterbildung	4,75	Bindungswirkung bestätigt
externe Weiterbildung	5,25	Bindungswirkung bestätigt
E-Learning (Planspiel, CBT)	4,00	Bindungswirkung widerlegt
Coaching und Mentoring	5,00	Bindungswirkung bestätigt

Auch bei dieser Frage konnten viele Instrumente aus der eigenen Bearbeitung mit Bindungswirkungen bestätigt werden, bis auf das E-Learning. Die Bewertung für Lernstatt/Qualitätszirkel und Corporate University wird nicht ausgewertet und abgeglichen, da hier keine eigenen Erkenntnisse vorliegen.

Nachfolgend werden die Ergebnisse aus der sechsten Fragestellung über die Arbeitszeitregelungen im Zuge der geforderten Work-Life Balance dargestellt.

Tabelle 6: Auswertung der Expertenbefragung Frage 6

Kriterien/Instrumente	Ergebnis der Experten (Ø Punkte auf der Skala)	Bindungswirkung wurde bestätigt/widerlegt
Gleitzeit	5,75	Bindungswirkung bestätigt
Vertrauensarbeitszeit	5,50	Bindungswirkung bestätigt
Fixe Zeit (40 Std. Woche)	6,25	schlechte Bindungsw. widerlegt
Zeit-Wert Konto	2,75	Bindungswirkung widerlegt
Sabbatical	3,80	Bindungswirkung widerlegt

Die Experten widerlegten die festgestellten Bindungswirkungen aus dieser Arbeit bei dem Zeit-Wert Konto und beim Sabbatical. Dagegen wird die fixe 40 Std. Woche sehr häufig in den befragten Unternehmen eingesetzt. Diese Arbeit stellte aber keine Bindungswirkungen fest. Dafür konnten bei der Gleitzeit und Vertrauensarbeitszeit die Bindungseigenschaften bestätigt werden. Die restlichen Instrumente werden aufgrund fehlender eigener Analysen und Erkenntnisse nicht bewertet.

In der Frage acht und neun wurden die Charaktereigenschaften der Gen YZ abgefragt. Bei der Loyalität haben die Experten jeweils mit Ø 5,25 Punkten die Gen YZ als recht loyal bewertet. Dieses Ergebnis widerspricht komplett den eigenen Untersuchungen und stellt eine neue Erkenntnis aus der Befragung dar.

Die Frage 10 brachte weitere Maßnahmen zur Mitarbeiterbindung hervor. Dabei wurden Übernahmegarantien für sehr gute Auszubildende/Studenten angeboten. Dies entspricht dem Wunsch nach Sicherheit und sollte dementsprechend eine hohe Bindungswirkung entfalten. Vom zertifizierten Ausbildungsprogramm kann ebenfalls eine hohe Bindungskraft ausgehen, da die Gen Z einen hohen Ausbildungsanspruch stellt. Die Mobile Office Ausstattung ist optimal zur Bindung der Gen YZ geeignet, da der Wunsch nach Technik ebenso wie der Wunsch nach schnellem Feedback, Vernetzung und nach einer Work-Life Balance erfüllt wird.

Anhand dieser Expertenbefragung wird klar, dass hergeleitete Ergebnisse aus der Fachliteratur oder den Medien nicht immer dem realen Bild der Unternehmenspraxis entsprechen. Sie sollten eher als grober Leitfaden von den Personaler gesehen werden, denn jeder Mensch ist individuell differenziert zu betrachten. Die analysierten und mit der Befragung überprüften Instrumente mit Bindungswirkungen können bei einem Mitarbeiter der Gen YZ durchaus erfolgreich sein, aber bei dem nächsten Mitarbeiter komplett die Bindungswirkung verlieren. Hier ist es auch empfehlenswert in einem permanenten Dialog mit dem Mitarbeiter zu bleiben, um Veränderungen in der Gewichtung der Motive rechtzeitig zu erkennen und zu berücksichtigen. Abschließend wäre es wünschenswert, dass beide Parteien respektvoll und offen miteinander umgehen, unnötige Kosten vermeiden und die Ziele des Unternehmens gemeinsam verfolgen. Denn nur ein finanziell gesundes Unternehmen sichert langfristig die Arbeitsplätze im Unternehmen und kann den Mitarbeitern die Möglichkeiten anbieten, die gefordert werden.

9 Kritische Betrachtung

Es liegt meist in der Natur der Sache, dass die etablierten und reifer gewordenen Generationen den jungen nachfolgenden Generationen oft den Verlust von Werten unterstellen. Jüngere Generationen stellen erst mal alles in Frage und sie sind der Meinung, dass sie vieles besser wissen. Dennoch werden nicht alle etablierten

Verhaltensweisen von den Jungen verworfen, denn die soziale Geschichte geschieht evolutionär und selten revolutionär. Damit die Gen Y reifen, sich Abnabeln kann und um Erwachsen zu werden sind solche Auseinandersetzungen zwischen den Generationen notwendig. Außerdem sind Werte und Verhaltensweisen dynamisch zu betrachten, denn die Gewichtung der Motive verändert sich im Laufe des Lebens. Erst wird eine Familie gegründet, ein Haus gebaut oder gekauft, Kinder kommen hinzu, Auto, Urlaub, Karriere usw.. Dadurch werden die Menschen konservativer und risikoscheuer. Dementsprechend sind die heutigen Werte und Verhaltensweisen der jungen Gen YZ aus der gegenwärtigen Lebenssituation verursacht worden. Daher ist die ganze Aufregung um diese neue Gen YZ relativ zu betrachten. Der Werteverfall sollte sich bei dieser Generation über die nächsten Berufsjahre relativieren.[77] Die Gen YZ haben viele tolle Einstellungen und Verhaltensweisen und Motive von denen wir lernen sollten.[78]

10 ZUSAMMENFASSUNG UND AUSBLICK

Ziel dieser Arbeit war es ausgewählte materielle und immateriellen Instrumente auf deren Bindungswirkung hin zu untersuchen, um damit qualifizierte Mitarbeiter der Gen YZ an die Unternehmen langfristig zu binden. Anschließend wurden die Charakteristika, Werte und Arbeitsansprüche der Gen YZ und deren Bindungseigenschaften herausgearbeitet, um anhand dieser Informationen eine optimale Bindungswirkung zwischen diesen Generationen und den ausgewählten Instrumenten zu analysieren.

Im Praxisteil dieser Arbeit wurde zur Überprüfung der eigenständig erarbeiteten Bindungsinstrumente eine Befragung von sechs Experten durchgeführt. Dabei konnten neue Erkenntnisse gesammelt werden. So wurde die Gen YZ in dieser Arbeit als sehr illoyal analysiert. Die Befragung der Experten ergab aber eine relativ hohe Loyalität gegenüber den befragten Unternehmen. Bei den materiellen Anreizen wurde der Zeitlohn durch die Experten mit einer hohen Bindungswirkung und das Cafeteria System mit einer sehr niedrigen Bindungseigenschaft bewertet. Damit wurden die eigenen Erkenntnisse über diese Bindungsinstrumente aus dieser Arbeit komplett widerlegt. Die Bindungswirkungen des E-Learning und die Flexibilisierung

---

[77] Vgl. Appel/Dittgen (2013), S. 5.
[78] Vgl. http://derstandard.at (2014).

der Lebensarbeitszeit durch Sabbatical wurden ebenfalls von den Experten niedriger bewertet, als diese Arbeit an Bindungseigenschaften hervorbrachte. Daher überrascht es, dass die Experten diese Instrumente zur Mitarbeiterbindung kaum umgesetzt haben. Dafür kommt der 40 Stunden Woche in den Unternehmen eine sehr hohe Bedeutung zu. Die Erkenntnisse aus der Analyse zeigten keine Bindungswirkung. Dagegen konnten aber auch viele Erkenntnisse über Bindungswirkungen bei der Gen YZ durch die Expertenbefragung bestätigt werden. So haben bspw. die Instrumente variable Entgeltbestandteile, Selbstverwirklichung, interessante Projekte, kooperative Führungsstil, transparente Unternehmenskultur, moderner Arbeitsplatz, familiäres Betriebsklima, regelmäßige Mitarbeitergespräche, Karriereplanung, Gleitzeit und Vertrauensarbeitszeit eine sehr gute Bindungswirkung auf die Gen YZ. Ebenfalls konnten neue Maßnahmen, wie das mobile Office oder das zertifizierte Ausbildungsprogramm als Bindungsinstrumente für die Gen YZ gewonnen werden. Die Unternehmen können sich durch diese Erkenntnisse einen Vorteil gegenüber der Konkurrenz verschaffen und sich vom Wettbewerb differenzieren.

Durch den begrenzten Umfang dieser Arbeit konnte das komplexe Thema der Mitarbeiterbindung der Gen YZ nicht ausführlich beschrieben und analysiert werden. Es wurden nicht alle Charakteristika der Gen YZ und der materiellen/immateriellen Instrumente detailliert aufgezählt und erläutert. Damit kann nur ansatzweise dargestellt werden, welche Bindungsinstrumente den Unternehmen generell zur Verfügung stehen. Jedes Unternehmen sollte seine eigene individuelle Note in die Gestaltung der Mitarbeiterbindung einfließen lassen, da es bei der Umsetzung für eine optimale und erfolgreiche Mitarbeiterbindung kein Patentrezept gibt. Erschwerend kommt hinzu, dass die Gewichtung der Motive der Gen YZ dynamisch agieren und die heutigen Anforderungen an die Unternehmen schon morgen nicht mehr aktuell sein können.

Aktuelle Trends wie Individualisierung und Selbstverwirklichung werden auch bei den zukünftigen Generationen die Mitarbeiterbindung beeinflussen. Für die Zukunft gilt es zu beobachten, wie die Unternehmen auf diese neuen Anforderungen durch zukünftige Entwicklungen und Veränderungen auf dem Arbeitsmarkt und aus der Unternehmensumwelt reagieren, um keinen Profilverlust gegenüber dem Wettbewerb zu erleiden.

11 Anhang

Anhang 1: Die Top 20 der Mitarbeiterbindungs-Instrumente auf einen Blick [79]

	sehr wichtig	prüfen	verbessern
Aufstiegs- und Entwicklungschancen und –angebote			
Attraktive und herausfordernde Aufgaben und Projekte			
Kompetenzen fördernde Weiterbildungsmöglichkeiten			
Anerkennung und Wertschätzung der Leistungen			
Sinngebende Tätigkeiten, Ziele und Perspektiven			
Verantwortungsspielraum und Freiräume			
Entscheidungsmöglichkeiten und Verantwortung			
Leistungsorientierte und variable Entlohnung			
Massgeschneiderte Work-Life-Balance Angebote			
Flexible Arbeitszeitgestaltung und –modelle			
Inspirierendes und interessantes Arbeitsumfeld			
Sozialkompetenzen und Feedback der Führungskräfte			
Reputation und Image des Unternehmens			
Stellenwert und Reputation von Produkt und Branche			
Umfassende, verständliche und aktuelle Kommunikation			
Moderne Führungsinstrumente, -kultur und –instrumente			
Change Management mit neuen Herausforderungen			
Ehrlichkeit und Glaubwürdigkeit des Unternehmens			
Arbeits- und Teamklima mit Wir-Gefühlen			
Beachtung persönlicher Grundwerte und Lebensziele			

---

[79] Vgl. Janssen (2011), S. 155.

Anhang 2: Umfrageergebnisse der Expertenbefragung[80]

1. Welche Kanäle werden für die Ansprache der Generation Y und Z genutzt?

Anzahl Teilnehmer: 6

	Trifft gar nicht zu (1)		(2)		(3)		(4)		(5)		(6)		Trifft voll und ganz zu (7)		Ø	±
	Σ	%	Σ	%	Σ	%	Σ	%	Σ	%	Σ	%	Σ	%		
Agentur für Arbeit/Arbeit...	1x	20,00	1x	20,00	-	-	1x	20,00	-	-	-	-	2x	40,00	4,20	2,77
Jobbörsen (Monster.de)	-	-	-	-	-	-	1x	16,67	-	-	2x	33,33	3x	50,00	6,17	1,17
TV-Werbung	1x	25,00	-	-	1x	25,00	1x	25,00	-	-	-	-	1x	25,00	3,75	2,50
Sponsoring bei Hochschulen	-	-	-	-	-	-	-	-	2x	40,00	2x	40,00	1x	20,00	5,80	0,84
Unternehmenswebsite	-	-	-	-	-	-	-	-	1x	20,00	-	-	4x	80,00	6,60	0,89
Social Media (Facebook)	-	-	-	-	-	-	1x	20,00	-	-	3x	60,00	1x	20,00	5,80	1,10
Stellenanzeigen in Zeitun...	-	-	2x	40,00	-	-	-	-	2x	40,00	-	-	1x	20,00	4,20	2,17
Sponsoring auf (Hoch-)sc...	-	-	-	-	1x	20,00	-	-	2x	40,00	-	-	2x	40,00	5,40	1,67

2. Wie gestalten sie die Arbeitsinhalte?

Anzahl Teilnehmer: 5

	Trifft gar nicht zu (1)		(2)		(3)		(4)		(5)		(6)		Trifft voll und ganz zu (7)		Ø	±
	Σ	%	Σ	%	Σ	%	Σ	%	Σ	%	Σ	%	Σ	%		
Interessante Aufgaben/Pr...	-	-	-	-	-	-	-	-	3x	60,00	2x	40,00	-	-	5,40	0,55
Vielseitiges Können wird ...	-	-	-	-	-	-	1x	25,00	3x	75,00	-	-	-	-	4,75	0,50
Durchführung einer ganz...	-	-	-	-	-	-	-	-	1x	25,00	3x	75,00	-	-	5,75	0,50
Einsatz gemäß Qualifikation	-	-	-	-	-	-	-	-	1x	25,00	1x	25,00	2x	50,00	6,25	0,96
Abwechslungsreichtum	-	-	-	-	-	-	-	-	-	-	3x	75,00	1x	25,00	6,25	0,50
Herausfordernde Aufgaben	-	-	-	-	-	-	-	-	1x	25,00	2x	50,00	1x	25,00	6,00	0,82
Übertragung von Verantw...	-	-	-	-	-	-	1x	25,00	2x	50,00	1x	25,00	-	-	5,00	0,82
Führungsaufgaben	-	-	1x	25,00	2x	50,00	-	-	1x	25,00	-	-	-	-	3,25	1,26

3. Welche materiellen Anreize werden in Ihrem Unternehmen eingesetzt?

Anzahl Teilnehmer: 5

	Trifft gar nicht zu (1)		(2)		(3)		(4)		(5)		(6)		Trifft voll und ganz zu (7)		Ø	±
	Σ	%	Σ	%	Σ	%	Σ	%	Σ	%	Σ	%	Σ	%		
Zeitlohn/Grundlohn	1x	20,00	-	-	-	-	-	-	2x	40,00	-	-	2x	40,00	5,00	2,45
Variable Entgeltbestandte...	-	-	-	-	1x	25,00	-	-	-	-	-	-	3x	75,00	6,00	2,00
Mitarbeiterbeteiligungen ...	3x	75,00	-	-	-	-	1x	25,00	-	-	-	-	-	-	1,75	1,50
Cafeteria System	2x	50,00	2x	50,00	-	-	-	-	-	-	-	-	-	-	1,50	0,58
Fringe Benefits	-	-	1x	25,00	-	-	-	-	-	-	1x	25,00	2x	50,00	5,50	2,38
Prämienlohn	-	-	1x	25,00	1x	25,00	1x	25,00	1x	25,00	-	-	-	-	3,50	1,29

---

[80] Vgl. Umfragelink: https://www.umfrageonline.com/s/711ed08

4. Welche immateriellen Anreize werden in Ihrem Unternehmen umgesetzt?

Anzahl Teilnehmer: 5

	Trifft gar nicht zu (1)		(2)		(3)		(4)		(5)		(6)		Trifft voll und ganz zu (7)		Ø	±
	Σ	%	Σ	%	Σ	%	Σ	%	Σ	%	Σ	%	Σ	%		
Spannende Arbeitsinhalte	-	-	-	-	1x	20,00	-	-	2x	40,00	2x	40,00	-	-	5,00	1,22
Transparente Unternehm...	-	-	-	-	-	-	-	-	2x	50,00	-	-	2x	50,00	6,00	1,15
Kooperativer Führungsstil...	-	-	-	-	-	-	-	-	1x	25,00	1x	25,00	2x	50,00	6,25	0,96
Transformationale Führung	-	-	-	-	1x	25,00	-	-	2x	50,00	1x	25,00	-	-	4,75	1,26
Moderne Arbeitsplatzgest...	-	-	-	-	-	-	-	-	1x	25,00	1x	25,00	2x	50,00	6,25	0,96
Aufstiegs- und Selbstverw...	-	-	-	-	-	-	-	-	1x	25,00	2x	50,00	1x	25,00	6,00	0,82
Familiäres Betriebsklima	-	-	-	-	-	-	1x	25,00	2x	50,00	1x	25,00	-	-	5,00	0,82
Jobsicherheit	-	-	-	-	-	-	2x	50,00	1x	25,00	1x	25,00	-	-	4,75	0,96

Arithmetisches Mittel (Ø)
Standardabweichung (±)

5. Wie wird in Ihrem Unternehmen die Personalentwicklung und Weiterbildung der Generation Y und Z durchgeführt?

Anzahl Teilnehmer: 5

	Trifft gar nicht zu (1)		(2)		(3)		(4)		(5)		(6)		Trifft voll und ganz zu (7)		Ø	±
	Σ	%	Σ	%	Σ	%	Σ	%	Σ	%	Σ	%	Σ	%		
Regelmäßige Mitarbeiterg...	-	-	-	-	-	-	1x	20,00	-	-	1x	20,00	3x	60,00	6,20	1,30
Lernstatt/Qualitätszirkel	-	-	-	-	1x	25,00	-	-	3x	75,00	-	-	-	-	4,50	1,00
Individuelle Karriere- und...	-	-	-	-	-	-	1x	25,00	1x	25,00	1x	25,00	1x	25,00	5,50	1,29
Interne Weiterbildungen	-	-	1x	25,00	-	-	-	-	2x	50,00	-	-	1x	25,00	4,75	2,06
Externe Weiterbildungen	-	-	-	-	1x	25,00	-	-	1x	25,00	1x	25,00	1x	25,00	5,25	1,71
E-Learning (CBT, WBT, Pl...	1x	25,00	1x	25,00	-	-	-	-	-	-	1x	25,00	1x	25,00	4,00	2,94
Coaching, Mentoring	-	-	1x	25,00	-	-	-	-	-	-	3x	75,00	-	-	5,00	2,00
Corporate University	1x	25,00	1x	25,00	-	-	1x	25,00	1x	25,00	-	-	-	-	3,00	1,83

Arithmetisches Mittel (Ø)
Standardabweichung (±)

6. Welche Arbeitsregelungen wurden im Zuge der geforderten Work-Life Balance eingeführt?

Anzahl Teilnehmer: 5

	Trifft gar nicht zu (1)		(2)		(3)		(4)		(5)		(6)		Trifft voll und ganz zu (7)		Ø	±
	Σ	%	Σ	%	Σ	%	Σ	%	Σ	%	Σ	%	Σ	%		
Gleitzeit	-	-	-	-	-	-	1x	25,00	-	-	2x	50,00	1x	25,00	5,75	1,26
Fixe z.B. 40 Stunden Woche	-	-	-	-	-	-	1x	25,00	-	-	-	-	3x	75,00	6,25	1,50
Sabbaticals	1x	20,00	1x	20,00	-	-	1x	20,00	1x	20,00	-	-	1x	20,00	3,80	2,39
Zeit-Wert Konto	2x	50,00	1x	25,00	-	-	-	-	-	-	-	-	1x	25,00	2,75	2,87
KAPOVAZ (Arbeit auf Abruf)	3x	75,00	-	-	-	-	-	-	-	-	-	-	1x	25,00	2,50	3,00
Altersteilzeit	1x	25,00	1x	25,00	-	-	-	-	-	-	-	-	2x	50,00	4,25	3,20
Teilzeitarbeit	-	-	-	-	1x	25,00	1x	25,00	-	-	-	-	2x	50,00	5,25	2,06
Vertrauensarbeitszeit	-	-	1x	25,00	-	-	-	-	-	-	1x	25,00	2x	50,00	5,50	2,38
Job-Sharing	1x	25,00	2x	50,00	-	-	-	-	-	-	-	-	1x	25,00	3,00	2,71
Schichtarbeit	2x	50,00	-	-	-	-	-	-	-	-	1x	25,00	1x	25,00	3,75	3,20

Arithmetisches Mittel (Ø)
Standardabweichung (±)

7. Welche Ausbildungsvarianten bieten sie in Ihrem Unternehmen an?

Anzahl Teilnehmer: 5

	Trifft gar nicht zu (1)		(2)		(3)		(4)		(5)		(6)		Trifft voll und ganz zu (7)		Ø	±
	Σ	%	Σ	%	Σ	%	Σ	%	Σ	%	Σ	%	Σ	%		
Duales Studium (Bachelor...	1x	20,00	-	-	1x	20,00	-	-	-	-	1x	20,00	2x	40,00	4,80	2,68
Trainee Ausbildung	1x	25,00	1x	25,00	-	-	-	-	-	-	-	-	2x	50,00	4,25	3,20
Duale Berufsausbildung (z...	1x	25,00	-	-	-	-	-	-	-	-	-	-	3x	75,00	5,50	3,00
Praktikum	-	-	-	-	1x	20,00	-	-	1x	20,00	-	-	3x	60,00	5,80	1,79
Werkstudenten	-	-	-	-	-	-	1x	33,33	-	-	-	-	2x	66,67	6,00	1,73
Diplomanten	2x	50,00	-	-	-	-	-	-	1x	25,00	-	-	1x	25,00	3,50	3,00

Arithmetisches Mittel (Ø)
Standardabweichung (±)

8. Welche Charakteristika, Werte Ansprüche an das Arbeitsleben konnten Sie bei der Generation Y feststellen?

Anzahl Teilnehmer: 5

	Trifft gar nicht zu (1)		(2)		(3)		(4)		(5)		(6)		Trifft voll und ganz zu (7)		Ø	±
	Σ	%	Σ	%	Σ	%	Σ	%	Σ	%	Σ	%	Σ	%		
Anspruchsvoll	-	-	-	-	-	-	1x	20,00	1x	20,00	2x	40,00	1x	20,00	5,60	1,14
Flexibel	-	-	1x	25,00	1x	25,00	-	-	1x	25,00	1x	25,00	-	-	4,00	1,83
Leistungsbereitschaft	-	-	-	-	1x	25,00	-	-	-	-	3x	75,00	-	-	5,25	1,50
Selbstbewusst	-	-	1x	25,00	-	-	-	-	2x	50,00	-	-	1x	25,00	4,75	2,06
Multitaskingfähig	-	-	-	-	1x	25,00	1x	25,00	-	-	2x	50,00	-	-	4,75	1,50
Sozial	-	-	-	-	-	-	-	-	2x	50,00	2x	50,00	-	-	5,50	0,58
Technikaffin	-	-	-	-	-	-	-	-	1x	25,00	1x	25,00	2x	50,00	6,25	0,96
Loyalität	-	-	-	-	-	-	1x	25,00	1x	25,00	2x	50,00	-	-	5,25	0,96
Spaß bei der Arbeit	-	-	-	-	-	-	1x	25,00	-	-	2x	50,00	1x	25,00	5,75	1,26
Wunsch nach Abwechslung	-	-	-	-	-	-	-	-	-	-	3x	75,00	1x	25,00	6,25	0,50
Wunsch nach Herausforde...	-	-	-	-	-	-	1x	33,33	-	-	2x	66,67	-	-	5,33	1,15
Wunsch nach Selbstverwi...	-	-	-	-	-	-	1x	25,00	-	-	2x	50,00	1x	25,00	5,75	1,26
Wunsch nach Sicherheit	-	-	-	-	-	-	-	-	-	-	2x	50,00	2x	50,00	6,50	0,58
Wunsch nach Orientierung	-	-	-	-	-	-	-	-	1x	25,00	2x	50,00	1x	25,00	6,00	0,82
Ehrgeiz	-	-	-	-	-	-	1x	25,00	2x	50,00	1x	25,00	-	-	5,00	0,82
Zuverlässigkeit	-	-	-	-	-	-	2x	50,00	-	-	2x	50,00	-	-	5,00	1,15
Teamfähigkeit	-	-	-	-	-	-	-	-	1x	25,00	3x	75,00	-	-	5,75	0,50

Arithmetisches Mittel (Ø)
Standardabweichung (±)

9. Welche Charakteristika, Werte Ansprüche an das Arbeitsleben konnten Sie bei der Generation Z feststellen?

Anzahl Teilnehmer: 4

	Trifft gar nicht zu (1)		(2)		(3)		(4)		(5)		(6)		Trifft voll und ganz zu (7)		Ø	±
	Σ	%	Σ	%	Σ	%	Σ	%	Σ	%	Σ	%	Σ	%		
Anspruchsvoll	-	-	-	-	-	-	-	-	1x	25,00	1x	25,00	2x	50,00	6,25	0,96
Flexibel	-	-	-	-	1x	25,00	1x	25,00	1x	25,00	1x	25,00	-	-	4,50	1,29
Leistungsbereitschaft	-	-	-	-	-	-	1x	25,00	-	-	3x	75,00	-	-	5,50	1,00
Selbstbewusst	-	-	-	-	1x	25,00	1x	25,00	-	-	1x	25,00	1x	25,00	5,00	1,83
Multitaskingfähig	-	-	-	-	1x	25,00	1x	25,00	1x	25,00	1x	25,00	-	-	4,50	1,29
Sozial	-	-	-	-	-	-	1x	25,00	2x	50,00	-	-	1x	25,00	5,25	1,26
Pragmatisch	-	-	-	-	1x	25,00	1x	25,00	2x	50,00	-	-	-	-	4,25	0,96
Technikaffin	-	-	-	-	-	-	-	-	1x	25,00	3x	75,00	-	-	5,75	0,50
Loyalität	-	-	-	-	-	-	-	-	3x	75,00	1x	25,00	-	-	5,25	0,50
Spaß bei der Arbeit	-	-	-	-	-	-	-	-	2x	50,00	1x	25,00	1x	25,00	5,75	0,96
Wunsch nach Abwechslung	-	-	-	-	-	-	-	-	-	-	3x	75,00	1x	25,00	6,25	0,50
Wunsch nach Herausforde...	-	-	-	-	-	-	-	-	1x	25,00	3x	75,00	-	-	5,75	0,50
Wunsch nach Selbstverwi...	-	-	-	-	-	-	2x	50,00	-	-	2x	50,00	-	-	5,00	1,15
Wunsch nach Sicherheit	-	-	-	-	-	-	-	-	-	-	2x	50,00	2x	50,00	6,50	0,58
Wunsch nach Orientierung	-	-	-	-	-	-	-	-	-	-	3x	75,00	1x	25,00	6,25	0,50
Ehrgeiz	-	-	-	-	1x	25,00	-	-	2x	50,00	1x	25,00	-	-	4,75	1,26
Zuverlässigkeit	-	-	-	-	1x	25,00	-	-	2x	50,00	1x	25,00	-	-	4,75	1,26
Teamfähigkeit	-	-	-	-	-	-	-	-	1x	25,00	3x	75,00	-	-	5,75	0,50

Arithmetisches Mittel (Ø)
Standardabweichung (±)

10. Welche anderen, hier nicht aufgeführten Maßnahmen, werden in Ihrem Unternehmen zur Gewinnung und Bindung der Generation Y und Z durchgeführt?

Anzahl Teilnehmer: 3

Antworten:
- Zur Gewinnung:
Direkte Ansprache über persönliche Netzwerke
Events, in denen sich Interessierte direkt beteiligen können.
Vernetzung mit Initiativen und Organisationen, Vereinen u.s.w.
- Messen (Berufsinformationsmessen); Übernamegarantien für sehr gute Auszubildende/Studenten
- Quereinsteiger Programm Vertrieb (GenY), zertifiziertes Ausbildungsprogramm
Mobile Office Ausstattung Gen Z
Team-Events für Azubis und BA-Studenten

Literaturverzeichnis

Appel, Wolfgang/Dittgen, Michel Birgit (Hrsg): Digital Natives, 1. Auflage, Springer Fachmedien, Wiesbaden, 2013

Berthel, Jürgen/Becker, G. Fred: Personalmanagement, 8. überarbeitete und erweiterte Auflage, Schäffer-Poeschel Verlag, Stuttgart, 2007.

Esslinger, Susanne Adelheid und Schobert, B. Deniz: Work Life Balance Erfolgreiche Umsetzung von Work Life Balance in Organisationen, 1. Auflage, Deutscher Universitätsverlag/GWV Fachverlage, Wiesbaden, 2007

Helmrich, Robert/Zika, Gerd/Kalinowski, Michael/Wolter, Ingo: Engpässe auf dem Arbeitsmarkt: Geändertes Bildungs- und Erwerbsverhalten mildert Fachkräftemangel, BIBB Report Heftnr. 18 S.1-8, Bonn, 2012.

Holtbrügge, Dirk: Personalmanagement, 5. überarbeitete und erweiterte Auflage, Springer Verlag, Berlin/Heidelberg, 2013.

Janssen, Herbert: Die besten Mitarbeiter erfolgreich gewinnen, entwickeln und halten, 1. Auflage, Praxium Verlag, Zürich, 2011.

Klaffke, Martin: Personalmanagement von Millenials, 1. Auflage, Springer/Gabler Verlag, Wiesbaden, 2011.

Klaffke, Martin: Generationenmanagement, 1.Auflage, Springer/Gabler Verlag, Wiesbaden, 2014

Knoblauch, Rolf/Bröckermann, Reiner (Hrsg.)/Pepels, Werner (Hrsg): Personalbindung, 1. Auflage, Erich Schmidt Verlag, Berlin, 2004.

Künzel, Hansjörg: Erfolgsfaktor Employer Branding, 1.Auflage, Springer Verlag, Berlin/Heidelberg, 2013.

Loffing, Dina/Loffing, Christian: Mitarbeiterbindung ist lernbar, 1. Auflage, Springer Verlag, Berlin/Heidelberg, 2010

Permant, Anders: Die Generation Y - Mitarbeiter der Zukunft, 1.Auflage, Gabler/GWV Fachverlage, Wiesbaden, 2009.

Permant, Anders: Die Generation Y, 2. vollständig überarbeitete und erweiterte Auflage, Springer Fachmedien, Wiesbaden, 2013.

Rowold, Jens: Human Ressource Managment, 1. Auflage, Springer Verlag, Berlin/Heidelberg, 2013.

Schumacher, Florian/Geschwill, Roland: Employer Branding, 2. überarbeitete und erweiterte Auflage, Springer Fachmedien, Wiesbaden, 2014

Schwarz, Doreen: Strategische Personalplanung und Humankapitalbewertung, 1. Auflage, Gabler Verlag, Wiesbaden, 2010.

Spallek, Ricarda: Megatrends und HR Trends 2013, Deutsche Gesellschaft für Personalführung e.V. Praxispapier 3/2013 S.4-7, Düsseldorf, 2013.

Steinmann, Horst/Schreyögg, Georg: Management, 6. vollständig überarbeitete Auflage, Gabler Verlag, Wiesbaden, 2005.

Stock-Homburg, Ruth: Strategisches Personalmanagement, 2. Auflage, Springer/Gabler Verlag, Wiesbaden, 2013.

Stotz, Waldemar/Wedel, Anne: Employer Branding mit Strategie zum bevorzugtem Arbeitgeber, 1. Auflage, Oldenbourg Wissenschaftsverlag GmbH, München, 2009.

Wolf, Gunther: Mitarbeiterbindung, 1. Auflage, Haufe-Lexware, Freiburg, 2013.

Wittmann, Robert G.; Reuter, Matthias und Magerl, Renate: Unternehmensstrategie und Businessplan, 2. Auflage, Redline Verlag/Finanzbuch Verlag GmbH, München, 2007.

Verzeichnis der Internetquellen

Baierl, Sandra/Hlinka, Andrea: Die Generation Z kommt, abrufbar unter http://kurier.at/wirtschaft/wirtschaftspolitik/job-trends-2014-die-generation-z-kommt/41.617.953, Stand: 2014, Abruf vom 20.04.2014 16:20 (Uhr).

Buchhorn, Eva und Werle, Klaus: Generation Y Gewinner des Arbeitsmarkts, abrufbar unter http://www.spiegel.de/karriere/berufsstart/0,1518,766883,00.html, Stand: 2011, Abruf vom 19.04.2014 20:20 (Uhr).

Büning, Norbert/Marchlewski, Fred: Die Generation Y und ihre Wünsche in Haufe Personalmagazin Heft 10/2009 S.59, abrufbar unter http://www.haufe.de/personal/zeitschrift/personalmagazin/personalmagazin-ausgabe-102009-personalmagazin_48_115524.html, Stand 2009, Abruf vom 20.04.2014 19:30 (Uhr).

Cook, Kate: Über meine Generation Y, Quelle: abrufbar unter http://ybr.thinkinnovation.de/wp-content/uploads/2011/03/geny11.jpg (Abbildung 3), Stand: 2011, Abruf vom 21.04.2014 19:45 (Uhr).

Dunlevy, Sue: Gen Z comes of age in search of weird and surprising experiences, abrufbar unter http://www.news.com.au/lifestyle/health/gen-z-comes-of-age-in-search-of-weird-and-surprising-experiences/story-fneuz9ev-1226866598716, Stand: 2014, Abruf vom 14.04.2014 20:55 (Uhr).

Hofmann, Anja: Die Generation Z. Ein Ausblick., abrufbar unter https://www.deutsche-bildung.de/detail/news/die-generation-z-ein-ausblick.html, Stand: 2014, Abruf vom 15.04.2014 20:30 (Uhr).

Hofmann, Mia: Hintergrund Werte im Wandel, abrufbar unter http://www.sinus-institut.de/fileadmin/dokumente/downloadcenter/Marktpsychologie/Impact-2013.pdf, Stand: 2013, Abruf vom 12.05.2014 23:50 (Uhr).

Kaufmann, Michel: Gen X, Gen Y, und jetzt schon bald die Gen Z - von wem sprechen wir da eigentlich? abrufbar unter http://blog.jobs.ch/2013/08/gen-x-gen-y-und-jetzt-schon-bald-die-gen-z-von-wem-sprechen-wir-da-eigentlich/#.UxxxUc6GcsA, Stand: 2014, Abruf vom 24.04.2014 15:55 (Uhr).

Krohne, Christian: Wie Sie der Generation etwas vermarkten, abrufbar unter http://www.grouponfunktioniert.de/blog/groupon/wie-sie-der-generation-z-etwas-vermarkten/, Stand: 2014, Abruf vom 25.04.2014 20:10 (Uhr).

Madden, Claire: Die Generation Z, abrufbar unter http://visual.ly/generation-z-0, Stand: 2014, Abruf vom 12.05.2014 22:20 (Uhr).

McAlpine, Tim: Why Gen Y? A slightly scary introduction for credit unions: abrufbar unter http://www.currencymarketing.ca/blog/why-gen-y-a-slightly-scary-introduction-for-credit-unions.html, Stand: 2009, Abruf v. 04.05.2014. 12:10 (Uhr).

Meinert, Sabine: Generation Y zwischen iPod und Learning 2.0, abrufbar unter http://community.t-online.de/community/forum/wirtschaft/7/generation-y:3A:-zwischen-ipod-und-learning-2:2E:0,4660721.html, Stand: 2010, Abruf v. 18.04.2014

Passarge, Bernd: Große Schülerumfrage, abrufbar unter http://www.stade.ihk24.de/aus_und_weiterbildung/bildungspolitik/ausbildung/12260 92/Grosse_Schuelerumfrage.html, Fuer_Eilige_die_Zusammenfasung_zuerst-data.pdf, Stand: 2010, Abruf vom 22.04.2014 16:30 (Uhr).

Rieder, Peter: Generation Z Definition…oder: Generation Y war gestern-es lauert die Generation Z abrufbar unter http://www.hrweb.at/2014/02/generation-z-definition/, Stand: 2014, Abruf vom 20.05.2014 21:40 (Uhr).

Scholz, Christian: Generation Z: Willkommen in der Arbeitswelt, abrufbar unter http://derstandard.at/1325485714613/Future-Work-Generation-Z-Willkommen-in-der-Arbeitswelt, Stand: 2014, Abruf vom 25.04.2014 14:45 (Uhr).

Varney, Chelsea: Generation Z und die Jobs der Zukunft, abrufbar unter http://www.brandwatch.com/de/2014/03/generation-z-und-die-jobs-der-zukunft-infografik/, Stand: 2014, Abruf vom 30.04.2014 21:50 (Uhr).

Wolf, David: Generation Y: Junge Kollegen sind anspruchsvoll, flexibel, abrufbar unter http://www.business-wissen.de/artikel/generation-y-junge-kollegen-sind-anspruchsvoll-flexibel-kollegial/, Stand: 2011, Abruf vom 10.05.2014 11:05 (Uhr).

Herstellung und Verlag:
BoD - Books on Demand, Norderstedt
ISBN 978-3-7347-8197-1

www.ingramcontent.com/pod-product-compliance
Lightning Source LLC
Chambersburg PA
CBHW080207250726
48659CB00007B/2449